AF509587

Georges Courteline
DE L'ACADÉMIE GONCOURT

théâtre

III

Gros chagrins. — Théodore cherche
des allumettes. — Les gaîtés
de l'escadron. — L'article 330. —
Les balances.

Ernest Flammarion, Editeur

Théâtre

III

3225

OUVRAGES DE GEORGES COURTELINE
DE L'ACADÉMIE GONCOURT

Édition sur papier alfa

Déjà parus :

LE TRAIN DE 8 H. 47.

AH ! JEUNESSE !...

LES GAÎTÉS DE L'ESCADRON.

MESSIEURS LES RONDS-DE-CUIR.

UN CLIENT SÉRIEUX.

LES LINOTTES.

LES FEMMES D'AMIS.

BOUBOUROCHE, LIDOIRE ET POTIRON.

LA PHILOSOPHIE DE COURTELINE.

THÉATRE :

    Tome I : Boubouroche. — Un client sérieux. — Monsieur Badin. — La cruche. — La paix chez soi.

    Tome II : Les Boulingrin. — La peur des coups. — Le commissaire est bon enfant. — Le gendarme est sans pitié. — La conversion d'Alceste. — Lidoire. — La cinquantaine. — Le droit aux étrennes. — Hortense couche-toi.

GEORGES COURTELINE

DE L'ACADÉMIE GONCOURT

Théâtre

III

GROS CHAGRINS.
THÉODORE CHERCHE DES ALLUMETTES.
LES GAITÉS DE L'ESCADRON.
L'ARTICLE 330. — LES BALANCES.

ERNEST FLAMMARION, ÉDITEUR

GROS CHAGRINS

Carillon, 2 décembre 1897.

PERSONNAGES

Mmes

GABRIELLE .... Louise Delmary.
CAROLINE .... L. Berty.

GROS CHAGRINS

Au lever du rideau, Caroline fait de la tapisserie à la clarté d'une lampe posée sur un guéridon.

Un silence. — Brusquement, violent coup de sonnette. Caroline dépose son ouvrage, quitte la scène et va ouvrir. A la cantonade on entend : « Gabrielle ! » et aussitôt les sanglots bruyants de Gabrielle.

Réapparition des deux jeunes femmes.

CAROLINE

Ah çà ! mais, tu pleures !

GABRIELLE, *éclatant en sanglots.*

Ah ! ma chère ! ma chère !

CAROLINE

Mon Dieu, que se passe-t-il ?

GABRIELLE

Une chaise !... donne-moi une chaise !

CAROLINE, *la faisant asseoir.*

Tiens !

GABRIELLE

Merci !... Un verre d'eau, veux-tu ?

CAROLINE

Tout de suite !... Mon pauvre chat ! Mon pauvre chat !... Pour Dieu, qu'est-ce qui t'est arrivé ?... Tiens, bois !

GABRIELLE, *prenant le verre.*

Merci ! — Aide-moi à dégrafer mon boa. Tâte mes mains !

CAROLINE

Tu as une fièvre !...

GABRIELLE

Je suis comme une folle !

CAROLINE

Calme-toi ; je t'en supplie ! Tu me tournes les sangs !

GABRIELLE

Je suis comme une folle, je te dis.

CAROLINE

Bois encore un peu. Là !... Voilà !... Te sens-tu un peu mieux ?

GABRIELLE

Oui... non... oui... Je ne sais pas !... Ah ! mon Dieu, mon Dieu ! Soyez donc une honnête femme !

CAROLINE

Enfin que se passe-t-il ?

GABRIELLE, *avec éclat.*

Ce qui se passe ?... Il se passe que mon mari me trompe !

CAROLINE, *incrédule.*

Non ?

GABRIELLE

Si !

CAROLINE, *les bras cassés.*

Qu'est-ce que tu me dis là !

GABRIELLE

La vérité.

CAROLINE

Fernand ?

GABRIELLE

Fernand !

CAROLINE

Qu'est-ce qui aurait pu croire ça de lui ?

GABRIELLE

Crois-tu, hein ? Après neuf ans de mariage !
En pleine lune de miel !

CAROLINE, *atterrée.*

Eh bien, nous sommes propres, toutes
les deux !

GABRIELLE, *avec espoir.*

Ah bah !... Est-ce que toi aussi ?...

CAROLINE

Non ; moi, ce n'est pas cela. Seulement,
imagine-toi que j'ai tous les ennuis : ma
belle-mère est à l'agonie et je suis sans
bonne.

GABRIELLE

Allons donc !

CAROLINE

C'est comme je te le dis.

GABRIELLE

Tu as renvoyé Euphrasie ?

CAROLINE

Ce matin !

GABRIELLE

En voilà une histoire !

CAROLINE

Ne m'en parle pas ; j'en suis malade.
D'autant plus que c'était une perle, cette fille !

GABRIELLE

C'est vrai ?

CAROLINE

Une perle ! Un diamant ! Elle avait toutes
les perfections ! — Mais voleuse !...

GABRIELLE

Qu'est-ce que tu veux ! Quand ce n'est
pas ça, c'est autre chose. Ainsi moi, ... tu
te rappelles Adèle, ma femme de chambre ?

CAROLINE

Parfaitement. Une grande bringue qui
avait une tête de brochet ?

GABRIELLE

Précisément !

CAROLINE

Eh bien ?

GABRIELLE

Est-ce qu'un jour... — non, mais écoute
ça, — ... je ne l'ai pas pincée en train de se
débarbouiller avec mon éponge de... toilette ?

CAROLINE, *suffoquée.*

Pas possible ?

GABRIELLE

Ma parole d'honneur !

CAROLINE

Ah ! la sale bête ! Je l'aurais tuée !

GABRIELLE

Tu es bonne ! On n'a pas le droit. — Qu'est-
ce que je disais donc ? (*Eclatant.*) Ah oui !
Alors voilà, ma chère ; il me trompe !

CAROLINE, *la consolant.*

Eh là ! Eh là !

GABRIELLE, *hurlant.*

Hi ! Hi ! Hi !

CAROLINE

Es-tu sûre, au moins !

GABRIELLE, *les mains au ciel.*

Ah ! Dieu !

CAROLINE

Mon pauvre chou ! Mon pauvre chat !

GABRIELLE, *toujours sanglotante.*

Ah ! oui, va, tu peux me plaindre ! Je suis assez malheureuse.

CAROLINE

Mais je te plains de tout mon cœur ! Ah ! bien sûr non, tu n'avais pas mérité ça !

GABRIELLE

Enfin, est-ce vrai ?

CAROLINE

Voyons, conte-moi ça en détail. Dis-moi tes peines, ma chérie ; cela te soulagera toujours un peu.

GABRIELLE

Eh bien voilà. (*Elle se mouche, se tamponne les yeux, etc.*) Tu sais que Fernand va à la Bourse tous les jours ? Moi, je reste seule, et je m'ennuie. Alors, qu'est-ce que je fais ?

CAROLINE

Tu retournes ses poches, je connais ça.

GABRIELLE

Parfaitement. Et je fouille dans son se-
crétaire.

CAROLINE

Tu as la clé ?

GABRIELLE

J'en ai fait faire une.

CAROLINE

Ce que tu as bien fait !

GABRIELLE

N'est-ce pas ?

CAROLINE

Tiens !...

GABRIELLE

Oh ! ce n'est pas par curiosité !

CAROLINE

Bien sûr, non !

GABRIELLE

C'est par prévoyance !

CAROLINE

Sans doute !

GABRIELLE

Mieux vaut avoir deux clés qu'une seule.
Au moins si on perd la première...

CAROLINE

On a la seconde.

GABRIELLE

Voilà tout. — Et à propos ; que je te fasse
rire ! Est-ce que je t'ai conté que l'autre
jour, j'avais perdu la clé de chez nous ?

CAROLINE, *très intéressée.*

Ta clé ! Non ! Quand ?

GABRIELLE

La semaine dernière ! Comment, je ne
t'ai pas dit cela ?

CAROLINE

En voilà la première nouvelle !

GABRIELLE, *se tordant de rire.*

Ah ! ma chère !... Ça a été toute une histoire ! J'avais passé la soirée chez maman,
figure-toi. Tu sais que maman, le jeudi
soir, donne du thé et des petits fours ?
Bon ! Minuit sonnant, je saute en fiacre ;
j'arrive chez nous, je grimpe mes trois

étages quatre à quatre. Une fois à ma
porte, pas de clé !

CAROLINE

Pas de clé ?

GABRIELLE

Pas l'ombre !

CAROLINE

Ça, c'est drôle ! Et ton mari ?

GABRIELLE

Au cercle !

CAROLINE

Un vrai guignon !

GABRIELLE

Crois-tu ! Avec ça, pas de lumière ! Je
n'ai jamais tant ri. Je suis restée sur le
palier jusqu'à deux heures du matin à attendre le retour de Fernand ! (*Fondant brusquement en larmes.*) Fernand !... Ah ! le
gredin ! Ah ! le monstre !... Il me trompe !...
— Où donc en étais-je ?

CAROLINE

Aux poches retournées.

GABRIELLE

C'est juste. — Eh bien, j'y ai trouvé une lettre, dans sa poche.

CAROLINE

Une lettre oubliée ?

GABRIELLE

Parfaitement !

CAROLINE

Mon Dieu, que les hommes sont bêtes ! Ce n'est pas à nous que ces oublis-là arriveraient !

GABRIELLE

Oh ! non !

CAROLINE

De qui, la lettre ?

GABRIELLE

Devine !

CAROLINE

Ma foi...

GABRIELLE

Ne cherche pas, va ! C'est tellement monstrueux, tellement abject, tellement ignoble !
— Rose Mousseron ?

CAROLINE

De Parisiana ?

GABRIELLE

Oui, ma chère ; de Parisiana ! Cette fille
qui chante :

CAROLINE

Ce n'est pas l'air.

GABRIELLE

Si.

CAROLINE

Non.

GABRIELLE

Si.

CAROLINE

Tu te trompes.

GABRIELLE

Tu es sûre ?

CAROLINE

Je te jure ! Tiens, c'est comme ça.
Elle chante.

GABRIELLE, *qui a battu la mesure.*

Tu as raison. Je confondais avec *l'Almée de la rue du Caire.* Recommence un petit peu, pour voir.

Caroline reprend, Gabrielle l'accompagne, en souriant d'abord, puis à toute voix.

LES DEUX FEMMES, *à tue-tête.*

> *J'ai z'une petite maison*
> *A Barbe*
> *A Barbe*
> *J'ai z'une petite maison*
> *A Barbizon !*

CAROLINE

Tu y es.

GABRIELLE

Ça ne doit pas être bien malin, d'avoir du succès au café-concert.

CAROLINE

Parbleu ! — Et alors ?

GABRIELLE

Quoi, alors ?

CAROLINE

Pour m'en finir avec ton histoire ?

GABRIELLE

Quelle histoire ?

CAROLINE

L'histoire de la lettre.

GABRIELLE

Quelle lettre ?

CAROLINE

La lettre de Rose Mousseron ?

GABRIELLE

La lettre de Rose Mousseron ?... Ah oui ! Une lettre immonde, ma chère ! pleine de saletés et d'horreurs ! Une véritable dégoûtation !

CAROLINE

Tu l'as sur toi, mon cœur ?

GABRIELLE

Non.

CAROLINE

Tant pis.

GABRIELLE

Ah ! les lâches ! Ah ! les misérables, les infâmes ! Voilà pourtant à qui nous sacrifions tout, notre jeunesse, nos illusions, nos pudeurs ! (*Elle sanglote.*) Jamais, tu entends bien, jamais je ne pardonnerai ça à Fernand ! Mon Dieu, que je souffre ! Pour sûr, je vais avoir une attaque de nerfs !

CAROLINE, *désolée.*

Je t'en prie, Gabrielle, pas d'attaque ! Puisque je te dis que je suis sans bonne !

GABRIELLE

Donne-moi un peu d'eau de mélisse !

CAROLINE

Tout à l'heure. — Tiens, mon petit chat, tu ne sais pas ce que tu vas faire ?

GABRIELLE

Si ! Je vais me suicider.

CAROLINE

Mais non. Tu vas rester à dîner avec moi.
Ça te changera le cours des idées.

GABRIELLE

A dîner ?... Je ne peux pas !

CAROLINE

Pourquoi ?

GABRIELLE

Nous dînons chez les Brossarbourg. (*Au
comble de la joie.*) Il paraît que ce sera charmant. On dansera ! — Et pendant que j'y
pense : tu connais le pas de quatre, Caroline ?

CAROLINE

Oui.

GABRIELLE

Veux-tu être bien mimi avec ta pauvre
affligée ?

CAROLINE

Certainement.

GABRIELLE

Apprends-le moi, dis ?

CAROLINE

Comment donc !

*Les deux femmes se placent en vis-à-vis,
l'une à la cour, l'autre au jardin.
L'orchestre joue* LE PAS DE QUATRE.

CAROLINE

Trois pas en avant et un petit coup de
pied. (*Exécutant le mouvement.*) Tra la la la,
tra la la la !

GABRIELLE, *l'imitant.*

Comme ça ?... Tra la la la, tra la la la.

CAROLINE

Tu y es !...

GABRIELLE

Ce n'est pas difficile !

CAROLINE

Pas pour deux sous !... Tra la la la ! Tra
la la la ! — Bien balancé... et en mesure !

GABRIELLE, *chantant et dansant à la fois.*

Tra la la la ! Tra la la la !

RIDEAU

THÉODORE CHERCHE DES ALLUMETTES

Grand-Guignol, 10 octobre 1897

PERSONNAGES

———

<table>
<tr><td></td><td>MM.</td></tr>
<tr><td>THÉODORE....................</td><td>ROBERT LAGRANGE.</td></tr>
<tr><td>M. COUIQUE ....</td><td>HOMERVILLE.</td></tr>
</table>

THÉODORE
CHERCHE DES ALLUMETTES

———

Une salle à manger, trois portes dont une, au fond, donnant sur l'escalier ; une à gauche, ouvrant sur la chambre de Théodore ; la troisième, à droite, ouvrant sur l'appartement de M. Couique. A droite, un buffet à deux corps, dont la partie supérieure est praticable. En face, à gauche, une cheminée dont le tablier est levé.

SCÈNE PREMIÈRE

LA VOIX DE THÉODORE, *à la cantonade.*

Ah çà ! mais quel étage que je suis ?... Bon sang de sort, en v'là une affaire !...

j'sais pus quel étage que je suis !... Va falloir
que je redescende !... Soupé... Je vas de-
mander au concierge... (*Hurlant.*) Concierge !!
Concierge ! ! ! Concierge ! ! ! ! ! Rien de fait.
(*A tue-tête.*) Concierge !... Il ne répond pas.
(*Bruit de fer-blanc heurté.*) Une boîte au lait ?...
Une idée !... je vas compter les paliers au pas-
sage !... Un... deux... trois... je suis chez nous.

UNE LOCATAIRE, *à la cantonade.*

Cela ne va pas finir cette vie-là ? On ne
peut pas dormir ici ! Je vais vous faire fiche
congé par le propriétaire. C'est insupportable, à la fin.

*La porte se referme brusquement. Un
temps, puis :*

LA VOIX DE THÉODORE, *toujours invisible.*

Va donc, hé ! (*Bruit d'une clef qu'on essaie
de mettre dans une serrure, la clef tombe.*)
Zut ! (*Même jeu.*) Zut !

A ce moment :

LA VOIX D'UN DEUXIÈME VOISIN

Allez-vous nous foutre la paix ? On ne
peut pas dormir, nom de Dieu !

LA VOIX DE THÉODORE

J'dis rien !

LE VOISIN

Encore soûl ; naturellement ! Vous croyez que c'est pas malheureux ! Un crapaud de c't' âge-là, rentrer dans des états pareils !

LA VOIX DE THÉODORE

...ma clef qui tombe.

LE VOISIN

Votre clef !

LA VOIX DE THÉODORE

Oui, ma clef.

LE VOISIN

Ça suffit !

LA VOIX DE THÉODORE

C'est-y de ma faute à moi, si j'ai pas d'allumettes ?

DEUXIÈME VOISIN

Je vous dis que vous êtes soûl ! Propre-à-rien ! Saligaud ! Vous allez voir, demain matin, si je ne le dis pas à votre père.

LA VOIX DE THÉODORE

...bien égal !

DEUXIÈME VOISIN

Sans cœur ! Galopin ! Et puis qu'elle tombe encore, vot' clef ! qu'elle tombe encore ! C'est à moi que vous aurez affaire ! — Quelle sale génération, bon Dieu !

Bruit d'une porte violemment refermée.

LA VOIX DE THÉODORE, *après un silence.*

Va donc, eh !

Nouveaux grincements de clé dans la serrure, puis apparition de Théodore par la porte entre-poussée. C'est un collégien de dix-sept à dix-huit ans, au visage blême de crétin éreinté. Il porte le képi de Saint-Louis. Sa tunique pincée sur les hanches, d'un bouton, lui fait une taille d'abeille.

Où sont les allumettes ? C'est rigolo c't' oss...ination à me cacher les allumettes. — Dirait-on pas que je vas mettre le feu ? J'ai une tête à mettre le feu ?... J'suis pas un enfant ; le diable y serait !... Je sais me conduire dans l'existence. — (*Il dit et s'étale bruyamment. Sur quoi, avec le plus grand calme :*) Pas moi qui glisse... c'est le parquet. (*Se redressant péniblement.*) Oh ! c'est que moi j'ai ça d'agréable ; je peux avoir mon compte bien pesé, pas moyen qu'on s'en aperçoive. Bon œil, bon pied ; et pas le moindre embarras dans la langue !... sauf pour certains mots difficiles, comme, par exemple, l'oss...ination. — C'est pas que je ne puisse pas les dire ! Non ! c'est que, véritablement, on ne peut pas les prononcer. La langue française est pleine de difficultés. Tous les étrangers vous le diront. (*Cependant de ses mains hésitantes d'aveugle, il heurte le bord de la table. Alors, satisfait :*) La cheminée ! Le porte-allumettes n'est pas loin. — Ah ! le voilà ! (*Il plonge ses doigts dans l'encrier. Surpris :*) Non ! (*Il goûte.*) C'est un œuf. Si je connaissais l'imbécile qui m'a fichu un œuf sur ma cheminée, je lui apprendrais mon nom de baptême. Y a pas de bon sens. Une cheminée, c'est pas une place à mett' des œufs. (*Un temps.*) J'ai rudement rigolé, cré nom ! Trouduc a été époilant !... sauf quand il a voulu entrer dans un fiacre en passant par la lanterne !... (*Egayé.*) Croyez-vous, non, mais croyez-vous, cette idée d'entrer dans un fiacre en passant par la lanterne ! (*Ses doigts, qui errent à l'aventure, rencontrent les panneaux supérieurs du buffet.*) La fenêtre !... Si je donnais un peu d'air. (*Il ouvre tout grand le buffet, et demeure planté, s'éventant, aspirant avec délice l'haleine d'une nuit embaumée. A la fin :*) Drôle de printemps ! Il fait noir comme dans un four et ça sent le gruyère à plein nez... Jamais vu un mois de mai pareil !...

SCÈNE II

THÉODORE, M. COUIQUE

MONSIEUR COUIQUE, *apparaissant par la porte*
de droite.

Je crois que j'ai entendu du bruit.
Il est en chemise et en savates. Il tient
une bougie à la main.

THÉODORE, *à part.*

Oh ! papa !

MONSIEUR COUIQUE, *stupéfait*.

Mais c'est Théodore...

THÉODORE, *avide de ne pas se compromettre*.

...soir...

MONSIEUR COUIQUE

Qu'est-ce que tu fais là ?

THÉODORE

...cherche des allumettes.

MONSIEUR COUIQUE

C'est trop fort !... Tu te fiches du monde, de rentrer à des heures pareilles ?

THÉODORE

...pas tard.

MONSIEUR COUIQUE

Pas tard ! Il est trois heures.

THÉODORE, *qui se méprend*.

S'il était trois heures, il ferait jour.

MONSIEUR COUIQUE

Il est trois heures du matin, je te dis !... C'est la cinquième fois que je te pince à rentrer à des heures indues ; je te préviens que j'en ai assez. La prochaine fois qu'il t'arrivera de rentrer plus tard que minuit je te refourrerai à Saint-Louis ; tu y finiras tes vacances !... Bougre de polisson !... Chenapan !... D'abord, d'où viens-tu ?

THÉODORE

Tu dis ?

MONSIEUR COUIQUE

D'où viens-tu ?

THÉODORE

J'ai dîné en ville.

MONSIEUR COUIQUE

Où ça ?

THÉODORE, *haut.*

Rue... (*A part.*) Un mot difficile !... (*Haut.*) Rue...

MONSIEUR COUIQUE

Rue quoi ?

THÉODORE, *lassé de se débattre contre un mot qui ne veut rien savoir.*

As-tu remarqué comme la langue française est bête ?

MONSIEUR COUIQUE

Qu'est-ce qui te prend ?

THÉODORE

Je constate un fait.

MONSIEUR COUIQUE, *exaspéré.*

Je vais te flanquer mon pied au derrière.
Qui est-ce qui m'a bâti un ostrogoth pareil ?
Je lui demande où il a dîné, il me répond :
« Je constate un fait !... » Me prends-tu
pour un Cassandre ?

THÉODORE, *protestant.*

Oh !

MONSIEUR COUIQUE

Où as-tu dîné, à la fin ?

THÉODORE

Rue de... iroénil.

MONSIEUR COUIQUE

Comment ?

THÉODORE

Rue de... iroénil.

MONSIEUR COUIQUE

Rue de Miroménil ? (*Théodore souriant
approuve de la tête.*) Tu ne peux pas ouvrir
la bouche ? Et ensuite, qu'est-ce que tu as
fait ? — car tu n'es pas resté à table jusqu'à trois heures du matin, je pense ?

THÉODORE

...été avec des camarades, entendre de la grande musique.

MONSIEUR COUIQUE

Où ?

THÉODORE

A Montmartre.

MONSIEUR COUIQUE

Quelle rue ?

THÉODORE, *qui s'applique en vain à prononcer ces mots : Rue de la Tour-d'Auvergne.*

Rue de La Tour-d'Au... rue de La Tour-d'Au... rue de La Tour-d'Au... Dis donc ?

MONSIEUR COUIQUE

Quoi ?

THÉODORE

Y a pas des moments où tu regrettes de ne pas être Espagnol ?

MONSIEUR COUIQUE

A cause ?

THÉODORE

A cause de cette saleté.

MONSIEUR COUIQUE

Quelle saleté ?

THÉODORE

Saleté de langue française.

MONSIEUR COUIQUE

Ça recommence !

Soudain :

THÉODORE, *tombant en arrêt devant un portrait de M. Couique, dont le cadre ovale pare le mur du salon.*

Ah !

MONSIEUR COUIQUE

Quoi ?

THÉODORE

Ton portrait !

MONSIEUR COUIQUE

Mon portrait ?

THÉODORE

Oui, ton portrait.

MONSIEUR COUIQUE

Eh bien, quoi ? mon portrait.

THÉODORE

Quelle drôle d'idée que t'as eue de l'accro-cher la tête en bas ?

MONSIEUR COUIQUE

Comment, la tête en bas ?

THÉODORE, *qui craint de s'être coupé et qui veut se raccrocher aux branches.*

C'est une façon de parler. Pour dire qu'il a la tête en bas, il n'a pas la tête en bas ; ...il est seulement un peu de travers.

MONSIEUR COUIQUE, *effleuré d'un soupçon.*

Regarde-moi donc un peu. Ah çà ! le diable m'emporte, tu es soûl comme une bourrique !

THÉODORE

Moi ?

MONSIEUR COUIQUE

Tu sens le bouchon à en tomber asphyxié. Ça, par exemple, c'est le bouquet... Ma canne !

THÉODORE

J'ai bu qu'une gomme.

MONSIEUR COUIQUE

Vaurien !... Un cancre pour lequel je m'impose des sacrifices, qui n'a même pas trouvé le moyen de décrocher un accessit à la distribution des prix, et qui, par-dessus le marché, vient traîner son intempérance jusque sous les lambris de la maison pater-nelle !

THÉODORE

Si je trouve pas les allumettes ?

MONSIEUR COUIQUE

Au lit !...

THÉODORE

...pas bien, ce que tu fais là !

MONSIEUR COUIQUE

Au lit !...

THÉODORE

...profites de ce que tu es mon père pour m'abreuver d'hum... d'hum... d'hum...

Lutte valeureuse de Théodore avec le mot « humiliation ».

MONSIEUR COUIQUE

D'hum... d'hum... Tiens !...

THÉODORE, *les fesses sonnées d'un coup de savate retentissant.*

L'enfant martyr !

Il disparaît par la porte de gauche.

MONSIEUR COUIQUE, *seul.*

Soixante ans de vertu !... Toute une vie de probité, d'abnégation et de devoir !... Voilà ta récompense, vieux ! Voilà ton œuvre !... Voilà ton fils ! (*Long soupir.*) Ton fils !... (*Il élève vers le ciel des regards de douleur, après quoi :*) Heureusement, on n'est jamais sûr !

> *Il sort par la droite. La scène demeure vide.*

SCÈNE III

THÉODORE

THÉODORE *reparaît. De ses deux mains, il frotte son fessier meurtri.*

Ce vieillard m'a maudit ! (*Il pleure.*) J'ai rudement rigolé... (*Il rit.*) Personne ne peut se faire une idée à quel point j'ai rigolé !... J'ai rigolé comme pas un client au monde ne peut dire qu'il a rigolé. Je le jure... (*Il étend le bras et rencontre la lampe qu'il culbute.*) — Zut !... j'ai cassé le pot-à-eau !... — sur la tombe de ma grand'mère ; et le premier qui n'est pas de mon avis n'a qu'à venir me le dire en face. Je lui apprendrai mon nom de baptême ! — Ah çà ! mais je vois rien du tout, moi ! Est-ce que je vas passer la nuit à chercher des allumettes ?... Rosse de femme de ménage qui me les a cachées exprès pour me faire des blagues. Elle aura de mes nouvelles, la femme de ménage... C'est le jour de l'an dans onze mois... tu parles si j'y fous des étrennes !... la peau, oui ! et mon nom de baptême, avec les trente-deux manières de s'en servir. Où qu'c'est qu'elle a pu les fourrer ?... Où qu'c'est qu'elle a pu les fourrer ?

Il s'accroupit, et, à quatre pattes, il rôde autour des pieds de la table. Chantant :

Pour boire à notre belle France,
Amis, versez-moi du veau froid.

S'interrompant brusquement :
Avec ça, j'ai comme une idée que j'ai reçu un coup de pied dans le cul... seulement où ?... (*Il rêve longuement.*) Ah ! dans la table de nuit !... La v'là, la table de nuit !...

(*Il entre dans la cheminée et secoue la plaque avec son dos.*) L'orage !... Drôle de table de nuit !... Il y fait autant de courants d'air que dessus la porte Saint-Martin.

> *Entrée en scène de M. Couique, toujours en bannière et le bougeoir à la main.*

SCÈNE IV

THÉODORE, MONSIEUR COUIQUE

MONSIEUR COUIQUE

Qu'est-ce qu'il fabrique ? Qu'est-ce qu'il fabrique ?... Personne ! J'aurais pourtant bien cru...

> *Il dépose son bougeoir sur le marbre de la cheminée et passe dans la chambre de Théodore. Au même instant, Théodore émerge de l'âtre, le derrière le premier, arc-bouté sur les paumes.*

MONSIEUR COUIQUE, *dans la chambre voisine.*

Pas de Théodore ! — Théodore !

THÉODORE, *effaré.*

Hé !

Il se dresse de son mieux en s'aidant de sa main au marbre de la cheminée. Malheureusement, il a mal calculé son coup, en sorte qu'il éteint la bougie, de ses doigts en quête d'un appui.

THÉODORE, *les doigts grillés.*

Oh ! (*Stupéfait.*) C'est épatant, ça !... Qui est-ce qui a allumé une bougie ?

MONSIEUR COUIQUE, *reparaissant.*

Qui est-ce qui a éteint la lumière ?

THÉODORE

On a parlé !

MONSIEUR COUIQUE

Hé là ?

THÉODORE, *très inquiet.*

Je parie que c'est un voleur.

MONSIEUR COUIQUE

Gredin de Théodore, tu vas me payer ça. Que je trouve seulement les allumettes !... (*Il effleure l'encrier de ses doigts.*) Ah !... les voilà ! (*Il plonge son doigt dans l'encrier.*) Non !... Où diable ai-je mis mon doigt ? Tu vas voir, va, Théodore !... Tu vas voir, gredin de Théodore !... Des allumettes, j'en ai sur ma table de nuit...

THÉODORE, *sur le seuil de la chambre paternelle*

L'escalier ! Je vas chercher les flics !...

MONSIEUR COUIQUE, *heurtant, puis entr'ouvrant la porte de l'escalier.*

Bon ! Voici ma chambre à coucher. (*Il sort sur le palier. Par la porte restée ouverte on le voit tâtonner la rampe.*) Qu'est-ce que c'est que ça ?... mon pied de lit ?

THÉODORE, *à la cantonade, dans la chambre paternelle.*

C'est curieux ! Je trouve pas la rampe ! Faut croire qu'on l'aura chipée. Je vas prévenir le concierge. (*Hurlant.*) Concierge !...

MONSIEUR COUIQUE, *sursautant.*

Eh !... Gredin de Théodore !... (*La face tournée vers l'escalier.*) Vas-tu te taire animal !...

LA VOIX DE THÉODORE

Concierge !...

MONSIEUR COUIQUE

Vas-tu te taire ?

LA VOIX DE THÉODORE

Concierge !... Concierge !...

MONSIEUR COUIQUE, *la main furieusement tapée
à la rampe de l'escalier.*

Les allumettes, donc ! bon Dieu !

*A ce moment la porte du palier se rouvre,
et, de nouveau, la voix du locataire
grincheux emplit la cage de l'escalier.*

LE LOCATAIRE, *exaspéré.*

Encore !... Ah çà ! est-ce que vous croyez
que ça va durer toute la nuit ?

MONSIEUR COUIQUE, *stupéfait.*

Qu'est-ce que c'est que ça ?

LE LOCATAIRE

Ça, c'est un monsieur qui va vous foutre
des gifles.

Bruit d'une gifle.

MONSIEUR COUIQUE

Ah ! crebleu !

LE LOCATAIRE

Je vous avais prévenu. *Toute la fin de l'acte
est jouée dans un brouhaha confus de portes
ouvertes puis refermées. A la voix de M. Couique*

hurlant : « A l'assassin ! » *d'autres voix se mêlent, confondues. On entend* : « C'est bien fait ! Tapez dessus ! Il ne l'a pas volé ! » *cependant que le locataire répète* : « Proparien ! Chenapan ! Débauché ! » *tandis que, du bas de l'escalier, la concierge vocifère* : « Faut-y que j'aille vous aider, là-haut ? » *et que Théodore, rentré en scène, continue à demander* : « Où diable que la femme de ménage a pu fourrer les allumettes ?... »

Au loin, une horloge sonne quatre heures.

LES GAITÉS
DE L'ESCADRON (1)

Ambigu, 18 février 1895

Théâtre Antoine, 18 mai 1899

(1) Edouard Norès, collaborateur.

PERSONNAGES

	AMBIGU	THÉATRE ANTOINE
	MM.	MM.
LE GÉNÉRAL.......	GÉMIER.	GÉMIER.
Capitaine HURLURET	CHELLES.	ARQUILLIÈRE. — ARMAND BOUR.
L'adjudant FLICK ...	J. RENOT.	SAVERNE.
S.-Lieut. MOUSSERET	CHIMÈNE.	SÉRUZIER. — CHIMÈNE.
POTIRON	DEGEORGE.	DEGEORGE.
LAPLOTTE..........	YVES MARTEL.	TERVIL.
FRICOT	CHARPENTIER.	VERSE. — TUNC.
PÉPLAT	WALTER.	GRANDJEAN. — JUDICIS.
JOBERLIN	DEPAS.	JARRIER.
VANDERAGUE	AUSSOURD.	NOIZEUX. — KERNY.
FAVRET	GARRAUD.	DESFONTAINES.
BERNOT	VALLIÈRES.	JELMO.
LEDRU		
LAIGREPIN	PICARD.	
BOURRE	BOUVET.	
M¹ des Logis ROSETTE	CHEVALIER.	
M¹ des Logis DUPONT.	DENESLE.	
Brigadier BOUVET ...		
Brigadier MISTOQUE .		
VERGISSON.........		
LEDOUX...........		
	Mᵐᵉ	Mᵐᵉ
MADAME BIJOU	D'ESCORVAL.	ELLEN ANDRÉE.

LES GAITÉS DE L'ESCADRON

PREMIER TABLEAU

Le bureau du Chef : une grande pièce aux murs blanchis à la chaux sur lesquels se lisent de place en place des pancartes calligraphiées : ÉTAT DES HOMMES ; CONTRÔLE DE CHEVAUX, etc., etc... Porte d'entrée à droite, premier plan. Face à la porte, la table du scribe à laquelle fait pendant, à gauche, une autre table. Au fond, au milieu, un poêle encadré de deux bancs. Dans l'angle de gauche, la couchette du sous-officier, que surmonte la planche à paquetage. A gauche, adossée au mur, une table à toilette avec pot à eau, cuvette, petite glace au mur, et cætera.

SCÈNE PREMIÈRE

HURLURET, FAVRET, PÉPLAT, BERNOT, VANDERAGUE, MOUSSERET

Au lever du rideau, le bureau du Chef est occupé par Favret et le scribe. Favret est couché sur son lit et Péplat travaille à la table de droite. Sonnerie du demi-appel dans la coulisse. La porte s'ouvre, entre le capitaine Hurluret.

PÉPLAT

Fixe !

HURLURET

Repos !... Rien de nouveau ?

FAVRET

Non, mon capitaine.

HURLURET

Les deux lascars ?

FAVRET

Toujours manquants.

HURLURET

Chameaux ! (*Il sort.*)

FAVRET

Merci pour eux ! Et de quatre. Et ce n'est pas fini !

> *Entre le fourrier Bernot, suivi d'un homme de corvée portant deux pains.*

BERNOT

Là, mettez ça dans le coin. (*L'homme obéit.*) Vous pouvez disposer. (*L'homme sort.*)

FAVRET

C'est tout ce qu'il y a de rabiot ?

BERNOT

Bien sûr.

FAVRET

C'est pas bésef.

BERNOT

Quand on a des hommes en bordée, les autres sont privés de permission. Or, plus il y a d'hommes, plus il y a de bouches, et plus il y a de bouches, moins y a de rabiot.

FAVRET

Vous parlez d'or. Donnez-moi donc un peu de feu... Merci... (*Enveloppant le tas de pains d'un regard navré.*) Ah ! y a pas gras pour les sous-offs... ici ! (*On frappe.*) Entrez ! ...Qu'est-ce que vous voulez, vous ?

VANDERAGUE, *qui apparaît sur le seuil de la porte.*

Chef, c'est pour avoir un balai.

BERNOT

Encore !... Je vous en ai donné un avant-hier. Est-ce que vous les mangez sur du pain, vos balais ?

VANDERAGUE

On m'a barboté le mien.

BERNOT

Je m'en fous.

VANDERAGUE, *plaintif.*

Donnez-moi un balai, fourrier !

FAVRET

Pardon ! Voulez-vous me fiche le camp ?

VANDERAGUE

Avec quoi je balayerai, alors ?

FAVRET

Avez mon nez... Calletez, et au trot !

VANDERAGUE, *qui se retire.*

Y a du bon.

FAVRET, *à Bernot.*

Puis, comment voulez-vous que ça marche, avec un chef comme le capitaine Hurluret, un gars sorti du rang, dont toute la vie s'est écoulée entre les quatre murs du quartier et qui a les soldats dans le sang comme on a une femme dans la peau.

PÉPLAT

Qu'est-ce que ça fait ?

FAVRET

Ça fait qu'un gradé n'est pas un simple bleu comme vous, ou alors, ça cesse d'être sérieux.

BERNOT

Et ça lui coûte son avancement.

FAVRET

Parfaitement, et ce n'est que justice ! Eh ! mon cher, il tient tout entier dans l'histoire de Croquebol et de La Guillaumette ! Voyons, est-ce qu'il y a du bon sens d'envoyer en permission deux rossards qui, en trois ans, n'ont pas, je parie, couché vingt fois dans leurs pieux ?

BERNOT, *écœuré.*

Ah ! là ! là !

FAVRET

Bon. Une fois partis, qu'est-ce qu'ils font ?

BERNOT

Ils ne reviennent plus.

FAVRET

Bien entendu. Vous croyez que ça le touche ? Ah ! ouiche ! c'est-à-dire qu'il en crève de joie ! Je suis là en train de travailler, comme maintenant. La porte s'ouvre ; entre le capitaine Hurluret :

— Rien de nouveau ?

— Non, mon capitaine.

— Les deux lascars ?

— Toujours manquants...

Alors, il soupire longuement, lève vers le ciel un regard navré, les traite de chameaux pour la frime et se retire avec une face comme un soleil. Et cela, cinq, six fois par jour. Demandez à Péplat, si je mens. Est-ce vrai, Péplat ?

PÉPLAT

Oui, c'est vrai.

Entre le sous-lieutenant Mousseret.

MOUSSERET

Repos !... Repos !... Où est donc le cahier de punitions, que je porte deux jours à Vanderague ; sa chambre est tenue comme une écurie.

BERNOT, *à Favret.*

Dites donc, chef, et les vingt-huit jours, au fait ?

FAVRET

Eh bien ?...

BERNOT

Il faut songer à leurs fournitures... Quand arrivent-ils ?

FAVRET

Moi non plus... J'attends la dépêche du maréchal des logis Dupont qui est parti les chercher à Paris.

PÉPLAT, *à part.*

Zut !... Je parie que c'est celle que le vaguemestre m'a remise ce matin pour l'officier de semaine et que j'ai oublié de lui donner.

Il fouille précipitamment à sa poche, et en tire nombre de paperasses, parmi lesquelles le papier bleu d'un télégramme.

BERNOT

Ils n'arriveront plus aujourd'hui.

FAVRET

On le saurait maintenant.

PÉPLAT, *à part.*

Ça y est... Ah ! il est trop tard, tant pis !

MOUSSERET

Tenez, voilà ! (*Il sort.*)

BERNOT

Je m'occuperai d'eux demain matin.

FAVRET

N'y manquez pas. (*Tirant sa montre.*) Trois heures moins cinq, il est temps de filer au fourrage. Allez-moi faire un tour dans les chambrées, Bernot ; vous me commanderez huit hommes de corvée.

Vanderague apparaît sur le seuil de la porte.

FAVRET

Vous voilà revenu ! Ah çà ! on ne voit que vous.

VANDERAGUE

C'est l'officier de semaine qui m'a porté quatre jours en disant que j'étais qu'un cochon.

BERNOT

Il n'a dit que la vérité.

VANDERAGUE

C'est rapport à ma chambre qui est pleine d'épluchures de pommes !... Donnez-moi un balai, voyons !

FAVRET

Ça recommence, l'histoire du balai ?

VANDERAGUE

J'ai écopé quat'jours parce que j'en ai pas.

FAVRET

Vous en écoperez quatre autres parce que vous en demandez un.

VANDERAGUE

Ah ! y a du bon.

FAVRET

Et puis faites-moi le plaisir d'aller vous habiller. Vous allez filer au fourrage.

VANDERAGUE

Quelle tenue ?

BERNOT

Pantalon de cheval et blouse !

VANDERAGUE

Pantalon de cheval et blouse ?

BERNOT

Oui ! pantalon de cheval et blouse. Est-ce que vous êtes sourd...
Sortie de Vanderague.

FAVRET

Est-il bête, cet animal-là !... — Il faut vous presser, Bernot. Passez au corps de garde, dire qu'on sonne la distribution.

BERNOT

Compris.

FAVRET

Par la même occasion vous ferez atteler la prolonge.

BERNOT

Boum !... La feuille est prête ?

PÉPLAT

La voici.

Sortie de Bernot.

FAVRET, *qui était demeuré silencieux, installé à sa table, noyé dans ses paperasses.*

Ah çà ! mais... (*Etonné, le scribe lève le nez.*) Nous sommes sous le coup de l'inspection trimestrielle. Le Général va nous tomber sur le poil, ça ne va pas traîner.

PÉPLAT

Ça, ça nous pend au nez comme un sifflet de quatre sous.

FAVRET

Et il va sûrement me demander de lui faire voir mes topos. (*Mutisme du scribe qui commence à se méfier et qui se replonge dans son travail.*) Je n'ai pas eu le temps d'en préparer !

SCÈNE II

FAVRET, PÉPLAT, FRICOT, LAPLÓTTE et FLICK, puis VANDERAGUE

*Entrée de Fricot, de Laplotte et de l'adju-
dant, parlant tous les trois à la fois.
Fricot porte un seau de coke, Laplotte
un seau d'eau, qu'ils vont vider l'un
dans le poêle, l'autre dans le broc du
chef.*

FLICK

Nom de Dieu, voulez-vous entrer, bougres de saligauds ! Rossards ! Allez-moi
fout' du coke dans le poêle, et vous de
l'eau dans le pot à eau ! Hein ? Quoi ?
Qu'est-ce que vous dites ? D'abord, je
ne vous demande rien. Taisez-vous ! Taisez-vous, je vous dis, ou je vas vous fourrer
au chose ! Vous n'y couperez pas de biribi !
Vous n'y couperez pas de biribi !

LAPLOTTE

Eh bien, c'est bon, quoi, on entre ! Pas
la peine de brailler comme un cochon de

lait qui s'est pris la queue dans une porte. Et puis d'abord, j'ai pas été créé et mis au monde pour fout' de l'eau dans le pot à eau ! Vrai alors, c'est pas la peine d'avoir été à l'école jusqu'à ma première communion pour fout' de l'eau dans le pot à eau !

FRICOT

Eh ! ne gueulez donc pas comme ça ; on n'est pas sourd ! Y a pas de bon sens, vous allez attraper une extinction de voix. Et puis je vous dirai une chose : que ma mère m'a pas mis au monde pour que je foute du coke dans le poêle. Vous n'en avez pas le droit, vous n'en avez pas le droit, de me faire fout' du coke dans le poêle ! Je vas écrire au ministre, moi !

Sortie des deux prisonniers.

FLICK

Hein ! chef ! Vous croyez que c'est pas à tomber dessus ? Ah ! les propariens ! Ah ! les bougres ! Y a pas moyen d'en venir à bout, et ça se comprend. Ils sont libérables dans trois mois... Alors ils se fichent un peu des punitions nouvelles qu'on peut leur infliger, puisque, matériellement, ils n'auront pas le temps de les faire... Mais je les choperai... Ils ne l'emporteront pas en paradis, allez ! Ils n'y couperont pas du conseil. (*Il va pour sortir et se bute dans Vanderague qui entrait.*) En voilà une espèce d'enflé qui a failli me flanquer les quatre fers en l'air ! Où courez-vous donc comme ça ?

VANDERAGUE

A la corvée de fourrage, mon lieutenant.

FLICK

Dans cette tenue ?

VANDERAGUE

Bédame ! Pantalon de cheval et blouse.

FLICK

Allez mettre votre veste. Vous coucherez au chose, ce soir.

VANDERAGUE

Mais c'est le fourrier...

FLICK

Le fourrier ne sait pas ce qu'il dit. On

ne va pas au fourrage en tenue de prison.
Vous en aurez quatre jours de plus. (*Il sort.*)

VANDERAGUE

Y a du bon. (*Il sort.*)

SCÈNE III

FAVRET, PÉPLAT, puis HURLURET

FAVRET, *négligemment.*

Vous savez les faire, vous, les topos ?

PÉPLAT

J'ai su, mais j'ai oublié. Je n'ai pas la
mémoire solide.

FAVRET

Ça peut arriver à tout le monde. Ainsi
moi, j'allais oublier de vous porter quatre
jours de boîte.

PÉPLAT

Qu'est-ce que j'ai fait ?

FAVRET

Vous avez sauté le mur cette nuit.

PÉPLAT

Mais...

FAVRET

Vous allez mentir, peut-être ? Passez-moi le cahier de punitions, vous l'avez à la portée de la main.

PÉPLAT, *qui cherche sans le trouver le cahier de punitions.*

Je sais les faire, les topos.

FAVRET, *amusé.*

Tiens, tiens, tiens ! Vous êtes bête de me coller des blagues, vous savez bien que ça ne prend pas. (*Changeant de ton.*) Vous serez bien gentil de me faire un petit tracé... (*Il lui développe sous les yeux la carte d'état-major.*) de Bar-sur-Loire à Savigny, par le bourg de Savonnières et le moulin du Petit Trailloir ; pas trop soigné, autant que possible ; le général est une fine mouche, il flairerait le coup tout de suite.

PÉPLAT

Bon. Et mes quatre jours ! Pas de blague, hein ?

FAVRET

Je ne vous les porterai pas ce coup-ci ;

seulement, la prochaine fois que vous sauterez le mur, attendez qu'il n'y ait plus de lune. On vous voyait d'une demi-lieue. Si l'adjudant était venu à passer, vous n'y coupiez pas de quinze jours de prison. — Ah ! marquez bien les altitudes !

LA VOIX DE BERNOT, *à la cantonade.*

Ah çà, il manque quelqu'un ici. — Eh bien, ne vous pressez pas, nous sommes là pour vous attendre ! Comment ! Vous voilà en veste ?

VANDERAGUE, *à la cantonade.*

Quoi ? en veste ?

BERNOT, *à la cantonade.*

Quatre jours.

VANDERAGUE, *à la cantonade.*

Y a du bon ! Mais c'est l'adjudant...

BERNOT, *à la cantonade.*

Je me fiche un peu de l'adjudant. On ne va pas au fourrage en tenue de classe. Allez-moi mettre votre blouse. (*La porte s'ouvre.*)

PÉPLAT

Fixe !

HURLURET, *entrant.*

Repos !... Rien de nouveau ?

FAVRET

Non, mon capitaine.

HURLURET

Les deux lascars ?

FAVRET

Toujours manquants !...

HURLURET

Chameaux !

CHANGEMENT

DEUXIÈME TABLEAU

La cour du quartier. Au fond, portant l'inscription « Magasin », un bâtiment percé de deux portes accotées, surmontées l'une du mot « Entrée », l'autre du mot « Sortie ». A gauche, au premier plan, la porte, praticable, du bureau ; au deuxième plan, une fenêtre praticable, donnant sur une chambrée. De chaque côté de la scène bâtiments séparés par des rues.

SCÈNE PREMIÈRE

L'ESCADRON RANGÉ AU FOND DU THÉATRE, HURLURET, MOUSSERET, BERNOT, LE SOUS-OFFICIER DE SEMAINE BARQUETTI.

HURLURET, *à Mousseret.*

Oui, c'est une affaire entendue. Vous savez mieux que moi ce que je dis.

MOUSSERET

Excusez-moi, mon capitaine. Je me borne à vous faire remarquer que le passage du général à Bar-le-Roi a été signalé hier. Il est donc permis d'affirmer qu'avant de débarquer ici, il s'arrêtera aux postes intermédiaires compris dans sa tournée d'inspection : à Saint-Blaise et à Passy-sur-Loire.

HURLURET

Vraiment... Et s'il ne s'y arrête pas ?

MOUSSERET

Pourquoi ne pas s'y arrêter ?

HURLURET

Parce que la logique des choses exigerait qu'il s'y arrêtât. Vous ne connaissez pas le personnage. C'est le monsieur exaspérant qui ne vient pas quand on l'attend, et qui vous tombe sur le poil aussitôt qu'on ne l'attend plus, histoire de pincer son monde au saut du lit. C'est un malin : je l'ai vu cent fois à l'œuvre ! Avec ça, un flair de limier pour dégotter la pie au nid, mettre le doigt sur le pot aux roses. — Qu'un homme n'ait pas de bretelles ; c'est à celui-là qu'il ira, tout de suite, inévitablement, et qu'il dira : « Ouvrez votre veste ! » Qu'il y ait au râtelier d'armes une carabine gravée de rouille à l'intérieur de la culasse, c'est celle-là qu'il désignera pour qu'on lui en démonte la batterie sous les yeux. Je vous dis que c'est un flair, un don. Il n'y a pas à discuter, il n'y a qu'à s'incliner sans comprendre.

MOUSSERET

Un vilain monsieur, quoi !

HURLURET

Ne parlez pas ainsi de vos chefs. C'est un monsieur à qui on ne la fait pas, et c'est d'ailleurs un officier dans l'acception la plus large et la plus noble du terme. Je l'ai eu pour lieutenant aux hussards, moi maréchal des logis chef, et nous avons été portés ensemble à l'ordre du jour pour faits de guerre. Nous promettions !... Il a mieux marché que moi. Le voici avec les étoiles, tandis que moi, son cadet de dix-huit mois à peine, je marque le pas dans mon grade depuis quelque chose comme onze ans. Si jamais j'en sors, je veux être changé en moulin à poivre ! Voilà ce que c'est que de se montrer trop bon avec des propariens qui n'en fichent pas une secousse et se foutent de vous par-dessus le marché. (*Aux soldats qui demeurent immobiles.*) Vous entendez, hein ? Chena-pans !

MOUSSERET, *bas à Bernot.*

Toujours le même.

HURLURET

Enfin !... Lisez la décision, fourrier.

LE MARÉCHAL DES LOGIS BARQUETTI

A droite et à gauche, formez le cercle.

BERNOT, *lisant.*

« Décision. (*Les hommes, du même mouve-ment automatique, portent la main à leurs calots.*) Par ordre du capitaine commandant le 2e escadron (*Salut.*) en détachement à Vannes-sur-Loire, les permissions de dix heures et de théâtre, demandées au rap-port, sont accordées. Celles de vingt-quatre heures et au-dessus sont ajournées jusqu'au retour des cavaliers La Guillaumette et Croquebol. Il n'y aura demain ni exercices ni manœuvres. Après le. pansage du matin, les hommes se livreront, dans leurs chambres et dans les divers locaux du quartier, à des travaux de propreté collective et individuelle, en vue de l'inspection imminente. Les cavaliers La Guillaumette et Croquebol seront portés déserteurs et déférés au conseil de guerre s'ils n'ont pas rejoint l'escadron pour l'appel de neuf heures du soir. »

LE MARÉCHAL DES LOGIS BARQUETTI

Sur le centre, alignement !

HURLURET

Vous avez entendu : l'inspection imminente ! Tâchez d'ouvrir l'œil et le bon, ou c'est à moi que vous aurez à faire... A vos écuries, mauvais bougres !

LE MARÉCHAL DES LOGIS BARQUETTI

Rompez vos rangs. Marche.

Les hommes exécutent le mouvement.

HURLURET, *au sous-officier qui se dirige vers les écuries.*

Marchis.

LE MARÉCHAL DES LOGIS BARQUETTI

Mon capitaine ?

HURLURET

Un mot. Vous avez saisi la consigne, pour La Guillaumette et Croquebol ?

LE MARÉCHAL DES LOGIS BARQUETTI

Certainement, mon capitaine.

HURLURET

Enfin, voyons, je vous le demande, ces pierrots-là se paient-ils ma tête, oui ou non ?

LE MARÉCHAL DES LOGIS BARQUETTI

Mon Dieu... mon capitaine...

HURLURET

Oui ! n'est-ce pas ? D'ailleurs, c'était forcé. Je suis trop bon et on en abuse. Eh bien ! c'est fini. A partir d'aujourd'hui, les bons paieront pour les mauvais. En attendant nous en tenons deux mauvais, ils paieront pour tous les autres.

LE MARÉCHAL DES LOGIS BARQUETTI

Soyez tranquille, mon capitaine. Si à neuf heures ils n'ont pas rejoint, portés déserteurs.

HURLURET

C'est cela même. — Seulement, il ne faut pas non plus pousser les choses à l'extrême, confondre autour avec alentour, vitesse avec célérité, et corde à puits avec corde à fourrage. Nous ne sommes pas à un quart d'heure près, ni à une demi-heure non plus. Le tout, c'est qu'ils rejoignent, n'est-ce pas ?... que ce soit à une heure du matin, ou à deux... ou demain au réveil... la question est sans importance. Enfin, voilà, nous verrons ça demain au rapport. Ne faites rien sans m'en parler. Compris, hein ? (*Il sort.*)

LE MARÉCHAL DES LOGIS BARQUETTI

Compris... compris... Un coup à me faire casser, quoi ! Toi, t'as de la veine d'être un brave homme.

> *Il sort. Entrent au premier plan à droite Fricot et Laplotte en tenue de prison avec une brouette. Laplotte porte une pelle et un balai. Ils arrivent en scène.*

SCÈNE II

LAPLOTTE, FRICOT, FLICK, HURLURET

LAPLOTTE, *à Fricot qui le précède.*

Tends voir une minute que je souffle !
(*Fricot fait halte.*) T'as du trèfle ?

FRICOT

Ça se pourrait encore.

LAPLOTTE

Montre un peu, je te dirai pourquoi.

FRICOT, *qui a tiré de sa poche un paquet de*
scaferlati.

Astique !

LAPLOTTE

Du tabac fin ! Où c'est que t'as eu ça ?

FRICOT

Je l'ai acheté.

LAPLOTTE

A la foire d'empoigne, au moins. (*Ils*
rient.) Va-t'en voir jeter un coup d'œil, des
fois que l'adjudant rappliquerait.

FRICOT, *qui est remonté au fond et qui inspecte*
à droite et à gauche.

Rien de nouveau. (*Il redescend, et, comme*

Laplotte a déjà vidé aux deux tiers le paquet de scaferlati :) Après toi s'il en reste, mon vieux ! (*Laplotte restitue le tabac.*) Dis donc, as-tu une opinion sur le fromage de cochon ?

LAPLOTTE

T'as des tuyaux sur un fromage de tête ?

FRICOT

Sérieux ! Un coup de barbotage épatant !

LAPLOTTE

Où ça, que j'y coure ?

FRICOT

A la cantine. Un fromegi gros comme une gamelle.

LAPLOTTE

Bon sang !

FRICOT

Hein ! faudra voir à voir !

LAPLOTTE

Et à se méfier. Y a de l'acrès. C'est le cas de conseil.

FRICOT, *le revers de la main au menton.*

Et çui-là ? Tu nous a jamais regardés !

LAPLOTTE

Paix !... V'là « Au Chose ».

Tout en bavardant, ils ont exécuté, de l'air le plus simple du monde, le jeu de scène que voici : tandis que Laplotte roulait sa cigarette, Fricot a violemment attiré une des trois planches qui forment le fond de la brouette, laquelle planche, préparée de longue date, joue maintenant comme un tiroir. Un vide s'est naturellement produit par où s'est écoulée une partie des ordures contenues dans la brouette. Entre l'adjudant Flick qui met les pieds dedans.

FLICK

Encore !... Encore un tas d'ordures !... On ne peut plus faire un pas sans buter dans le fumier. Voulez-vous m'enlevez ça tout de suite !

FRICOT

Voilà ! Voilà !

FLICK

Ah çà ! mais vous fumez !

FRICOT, *la cigarette aux lèvres.*

Comment, nous fumons ?

FLICK

Silence !... Jetez-moi ces cigarettes tout de suite.

FRICOT, *à Laplotte.*

Je fume, moi ?

LAPLOTTE

Non.

FRICOT

Et toi ?

LAPLOTTE

Moi non plus.

FRICOT

Nous ne fumons ni l'un ni l'autre.

FLICK

Ah ! c'est comme ça ! Eh bien, vous verrez, rossards, vous n'y couperez pas du conseil.

LAPLOTTE

Oh ! je sais bien, vous ne pensez qu'à ça.

Au même instant entre Hurluret.

HURLURET

Qu'est-ce qu'il y a ? C'est vous, adjudant, qui fichez un chambard pareil ?

FLICK

Mon capitaine, je suis bien aise que vous tombiez si à propos.

HURLURET

Qu'est-ce qui se passe ?

FLICK

Il se passe que ce n'est plus possible, que ça ne peut pas durer davantage avec ces deux pierrots-là. Ils se fichent ouvertement de moi !

HURLURET, *en belle humeur*.

Ah ! les gaillards !... Vous avez encore fait des blagues ?

FRICOT

Mon capitaine, je vais vous dire tout comme c'est que c'est arrivé. C'est l'adjudant qui a soupé de notre fiole.

LAPLOTTE

Mon capitaine, c'est la vérité même, vous pouvez demander à tout le monde.

FLICK

Mon capitaine, ne les écoutez pas. Ils ne disent pas un mot qui ne soit un mensonge.

HURLURET

Ah ! les gaillards !

FRICOT

Mon capitaine, ce n'est pas vrai !

FLICK

Vous voyez, mon capitaine, ils me donnent un démenti !

LAPLOTTE

L'adjudant nous en veut.

FRICOT

Tout le monde le sait.

LAPLOTTE

Il veut nous faire passer au conseil.

HURLURET, *le sourire aux lèvres.*

Propariens !

LAPLOTTE, *à Flick.*

Vous ne l'avez pas dit tout à l'heure ? hein ?... hein ?... Vous ne l'avez pas dit, que vous nous feriez passer au conseil ?

FRICOT

Si, vous l'avez dit ! Si, vous l'avez dit !

TOUS LES TROIS, *à la fois.*

FRICOT

Bien mieux que ça, il y a longtemps que vous cherchez le moyen de nous faire fiche à Biribi, parce que vous vous en êtes vanté. Ce n'est pas fort, ça, non plus, d'être tout le temps à taper sur les mêmes et de vouloir à toute force nous faire passer au conseil quand on n'a rien fait pour ça.

LAPLOTTE

Même, vous avez prétendu que nous fumions. Ah ! et ça, y a pas à crâner, vous ne pouvez pas dire le contraire. Nous fumons, nous ? nous, nous fumons ? Vrai, vous n'avez pas la trouille d'oser soutenir que nous fumons. Nous n'avons même pas de tabac, ainsi voyez !

FLICK

J'ai dit que je vous ferais passer au conseil parce que vous refusiez d'obéir à un ordre que je vous donnais, et que vous aviez le toupet, ayant la cigarette aux lèvres, de me soutenir que vous ne

(Ensemble.)

fumiez pas. Vous êtes deux pratiques, deux chenapans ! Et je vous materai ! Taisez-vous.

HURLURET, *aux deux prisonniers.*

Voulez-vous vous taire, oui ou non ? Je vas vous imposer le silence avec mon pied dans le derrière, moi !

FLICK

Mon capitaine, je vais vous expliquer en deux mots. Je sortais de chez moi pour aller au corps de garde faire sonner aux consignés ! Bon, je les pince en train de fumer. Et la preuve...

Il se penche, cherche les mégots en question. Mais déjà, Hurluret a mis le pied dessus. Un temps. Flick se dresse et regarde fixement l'officier.

HURLURET, *impassible.*

Vous cherchez quelque chose ?

FLICK

Les bouts de cigarettes.

HURLURET, *feignant de chercher.*

Je ne vois rien.

FLICK, *embarrassé.*

Ça tient peut-être à ce que, sans l'avoir fait exprès, vous avez mis les pieds dessus.

HURLURET, *affectant de n'avoir pas compris.*

Vous entendez ? Vous avez mis les pieds dessus.

FRICOT et LAPLOTTE

Nous ?

HURLURET

Vous n'en êtes pas capables, peut-être ? Et puis, si vous vouliez bien vous mettre à la position militaire, quand je vous fais l'honneur de vous adresser la parole. Voulez-vous rectifier, tout de suite ! Maintenant, écoutez-moi bien, je n'aime pas répéter trente-six fois la même chose. J'ai la prétention d'être un très honnête homme et un homme foncièrement juste ; j'ai le respect de mon métier et l'amour de mes soldats, qui sont mes amis et mes fils. En revanche, j'ai horreur des fortes têtes et des faiseurs de chiqué. La prochaine fois que je vous pince à fumer ou à mettre les pieds sur vos bouts de cigarettes, je veux être changé en pain de sucre, si je ne vous défère pas au conseil de guerre. J'ai dit. Repos. (*A part, gaiement.*) Ont-ils l'air de deux fripouilles. (*Il sort.*)

FLICK, *vert d'humiliation.*

Et après ?... Qu'est-ce que vous faites là ?

FRICOT

C'est bon, quoi... On se grouille.

Ils sortent, l'un suivant l'autre.

FLICK, *qui leur emboîte le pas.*

Vous y passerez au conseil.

FRICOT et LAPLOTTE, *dédaigneux.*

Ah ! la ! la !

LAPLOTTE

Faudra voir.

FLICK

Qu'est-ce que vous dites ? Voulez-vous bien filer et plus vite que ça.

Sortie des deux hommes.

FLICK

Encore un tas de fumier.

En effet, profitant de l'effarement de Flick, pendant le discours de l'officier,

*ils ont fait jouer de nouveau la planche
mobile de leur brouette.*

FLICK

Il n'était pas là tout à l'heure, celui-là.
Il n'y a pas à dire, il n'était pas là tout à
l'heure. Oh ! il y a quelque chose, il y a
quelque chose.

> *Bruit dans la coulisse. Entrée des réser-
> vistes, conduits par le maréchal des
> logis Dupont.*

SCÈNE III

LES RÉSERVISTES, FLICK, FAVRET, BERNOT,
HURLURET, MOUSSERET, MARÉCHAUX DES
LOGIS, BRICADIÉRS et CAVALIERS, puis CHAN-
TAVOINE, JOBERLIN, LEDRU.

FLICK

Qu'est-ce qui nous arrive donc là ? Les
vingt-huit jours ! Eh bien, elle est plutôt
pommée. (*Il court vers le corps de garde.*)
Trompette ! Sonnez au chef ! Au trot !
(*Sortie.*)

LE MARÉCHAL DES LOGIS DUPONT

Colonne, halte ! Cavaliers à gauche... gauche. A droite, alignement. Fixe.

FAVRET, *qui entre.*

Qu'est-ce qui se passe ? On me sonne ! Bon Dieu ! Qu'est-ce que c'est que ça ?

LE MARÉCHAL DES LOGIS BARQUETTI, *entrant.*

C'est les réservoirs, parbleu !

FAVRET, *suffoqué.*

Les réservoirs ?

LE MARÉCHAL DES LOGIS DUPONT

Tas d'andouilles, à droite, je vous dis ! Voulez-vous appuyer, à droite ?

FAVRET, *qui n'en revient pas.*

Les réservoirs ! Les réservoirs ! (*Au fourrier qui entre à son tour.*) Dites donc, Bernot, les réservistes !

BERNOT

Comment, les réservistes ?

FAVRET

Oui. (*A Dupont.*) Et cette brute qui s'amène sans rien dire. C'est trop fort ! Vous serez consigné quatre jours. Pourquoi n'avez-vous pas télégraphié l'heure de votre arrivée comme vous en aviez reçu l'ordre ?

LE MARÉCHAL DES LOGIS DUPONT
Je l'ai fait.

FAVRET
Vous avez télégraphié ?

LE MARÉCHAL DES LOGIS DUPONT
Oui.

FAVRET
Quand ça ?

LE MARÉCHAL DES LOGIS DUPONT
Ce matin.

FAVRET
A qui ?

LE MARÉCHAL DES LOGIS DUPONT
A l'officier de semaine.

FAVRET
Fourneau ! C'est moi que vous deviez avertir. Le diable vous emporte, allez ! Ah ! nous voilà jolis garçons ! Où allons-nous coucher tout ça ?

BERNOT
Je n'en sais rien.

FAVRET

Ni moi non plus.

BERNOT

Il faut prendre un parti.

FAVRET

Lequel ? Je n'ai pas un lit, pas une fourniture, rien du tout.

BERNOT

Le marchand de punaises ?

FAVRET

A cinq heures du soir ? Vous n'êtes pas un peu maboul ?... Ah ! et puis je m'en fous, je suis de la classe. C'est Mousseret qui a fait la gaffe, c'est Mousseret qui se débrouillera. Qui casse les verres les paye !

MOUSSERET, *qui entre.*

Ah ! ah ! voilà nos pensionnaires !

FAVRET

Comme vous voyez. Et n'ayant pas été prévenu, je veux être pendu si je sais où les mettre.

MOUSSERET, *loustic.*

Mettez-les autour de votre cou, ça vous servira de cache-nez.

FAVRET

Je n'ai pas l'intention, mon lieutenant, de vous faire des représentations...

MOUSSERET, *ironique*.

Ne vous gênez donc pas pour moi.

FAVRET

...Seulement, vous êtes là à me blaguer ; vous auriez mieux fait de me prévenir.

MOUSSERET

Est-ce que je savais ?

FAVRET

On vous a prévenu par dépêche.

MOUSSERET

Moi ?

FAVRET

Dupont ?

LE MARÉCHAL DES LOGIS DUPONT

C'est vrai, mon lieutenant. Je vous ai télégraphié ce matin.

MOUSSERET

Je n'ai rien reçu.

LE MARÉCHAL DES LOGIS DUPONT

Pourtant...

MOUSSERET

Je vous dis que je n'ai rien reçu. (*Un temps.*)
Et je n'ai rien reçu pour l'excellente raison
que vous n'avez rien envoyé.

LE MARÉCHAL DES LOGIS DUPONT

Je vous jure...

MOUSSERET

Taisez-vous donc ! Est-ce que vous n'êtes
pas tous les mêmes ! Occupez-vous un peu
moins de vos amours et un peu plus de votre
service, et ces choses-là n'arriveront pas.
Il suffit. Nous allons commencer par équiper tout ce monde-là, nous verrons ensuite
pour le reste. Faites l'appel.

LE MARÉCHAL DES LOGIS DUPONT

Bien, mon lieutenant. (*Le sous-officier vient
se placer face aux réservistes et commence
l'appel.*) Garde à vous ! Fixe !... Le Cor-
donnec ?... Pied ?... Vidalenc ?... Van der
Straat ?... Laboulbène ?... Mayeux ?... Si-
mon ?... Boutique ?... de la Valmombrée ?...
Faubourgade ?... Sinoquet ?... Potiron ?...
(*Un temps.*) Potiron ?... (*Rires dans les rangs.*)

MOUSSERET

Hé bé ! Il n'est pas ici, Potiron ?... Non ? Potiron ?... (*A Dupont.*) Qu'est-ce qu'il fait dans le civil, votre curcubitacé ?...

LE MARÉCHAL DES LOGIS DUPONT

C'est un garçon boucher, mon lieutenant.

MOUSSERET

Pas de garçon boucher ici ? Pas de Potiron ?... C'est bien vu ? bien entendu ? — Adjugé !... (*A Dupont.*) Portez manquant le légume avec quatre jours de prison à la clef... Continuons...

LE MARÉCHAL DES LOGIS DUPONT,
faisant l'appel.

Vermigeon ?... Labrique ?... Marotin ?... Ducosta ?... Magnien ?... Ledru ?...

MOUSSERET

C'est tout ?

LE MARÉCHAL DES LOGIS DUPONT

Oui, mon lieutenant.

MOUSSERET

Eh bien ! conduisez-moi ces hommes au

magasin d'habillement où je vous rejoindrai tout à l'heure.

LE MARÉCHAL DES LOGIS DUPONT

Cavaliers à gauche, gauche !

HURLURET, *entrant.*

Au temps !... Les réservistes !... C'est une plaisanterie ! Pourquoi ne m'a-t-on pas prévenu qu'ils arrivaient aujourd'hui ?

MOUSSERET

Ne m'en parlez pas, mon capitaine, nous sommes dans le plus grand embarras. Le sous-officier Dupont prétend m'avoir avisé par dépêche ; j'affirme, moi, n'avoir rien reçu. Bref, nous voici avec tous ces hommes sur les bras et pas une paillasse disponible.

HURLURET

Charmant.

MOUSSERET

Il est trop tard pour obtenir du préposé aux literies les fournitures nécessaires.

HURLURET

Et alors ?

MOUSSERET

Alors, si vous y consentez, on les couchera dans les écuries cette nuit.

HURLURET, *très net.*

Non.

MOUSSERET

Non ?

HURLURET

Jamais de la vie.

MOUSSERET

Pourquoi ?

HURLURET

Parce que je suis responsable de la santé des hommes confiés à mes soins et non de l'incapacité des gradés placés sous mes ordres. Vous êtes de semaine ?

MOUSSERET

Je suis de semaine.

HURLURET

C'est donc à vous que je m'en prends, car c'était à vous à prévoir ; arrangez-vous comme vous voudrez : si ce soir, à huit heures sonnant, tous ces gars-là ne sont pas au chaud dans leurs lits, — vous entendez bien ? — dans leurs lits ! — vous prendrez les arrêts huit jours.

MOUSSERET

Bien.

HURLURET

C'est insensé, ça aussi !... Aux magasins, vous autres !

LE MARÉCHAL DES LOGIS DUPONT

En avant, marche !

Sortie des vingt-huit jours, de Dupont et de Hurluret.

MOUSSERET

Favret !

FAVRET

Mon lieutenant ?

MOUSSERET

Je viens de causer avec le capitaine pour le couchage des réservistes.

FAVRET

Ah ! Eh bien !

MOUSSERET

Eh bien ! voilà. Si ce soir, à l'appel, ils

ne sont pas tous couchés, vous serez consigné huit jours.

FAVRET, *qui bondit.*

Consigné huit jours !

MOUSSERET

Parfaitement. (*Goguenard.*) Vous pensiez que je les emmènerais coucher chez moi ? *Il sort.*

FAVRET

Huit jours !... Elle est forte, celle-là ! (*Brusquement.*) D'ailleurs, c'est bien simple. Bernot ! (*Le fourrier s'approche.*) C'est arrangé, l'affaire des lits.

BERNOT, *qui se frotte les mains.*

Tant mieux ! Comment ?

FAVRET

Il faut m'en trouver trente et un avant la tombée de la nuit, ou vous n'y coupez pas de quatre jours.

BERNOT, *suffoqué.*

Trente et un lits ! Vous vous payez ma fiole !... Où voulez-vous que je les prenne ?

FAVRET

Eh bien, et moi ?

BERNOT

C'est votre affaire. Vous êtes chef, c'est vous que ça regarde.

FAVRET

Mon vieux, j'ai autre chose à faire qu'à chercher des lits où il n'y en a pas.

BERNOT

J'en ai autant à votre service.

FAVRET

Oh ! vous, c'est une autre histoire !

BERNOT

Oui ! oh ! je sais.
Sortie de Favret.

BERNOT, *seul.*

Trente et un lits ! — Voyons. (*Il rêve.*) Une fourniture complète du départ de la classe, que je n'ai pas réservée ; reste à trente. La Guillaumette et Croquebol en bordée, Fricot et Laplotte en prison, deux et deux quatre... reste à vingt-six. Six hommes de garde et quatre à l'infirmerie, ça fait encore dix... reste à seize ; total : quatre lits par peloton. Nous allons voir à trouver ça. (*Sonnerie du demi-appel.*) Voilà le pansage fini : la question va être vite tranchée. (*Passent quatre brigadiers.*) Mistoque ! Bourre ! Brigadiers ! (*Les quatre brigadiers s'approchent.*) Est-ce que vous aimez coucher à la salle de police ?

LES BRIGADIERS

Non !

BERNOT

Parce qu'alors faudra voir à vous débrouiller ; vous y coucherez tous les quatre si vous ne m'avez pas trouvé seize lits dans un quart d'heure.

PREMIER BRIGADIER BOURRE, *effaré.*

Pour vous tout seul ?

BERNOT

Mais non, hé gourde ! c'est pour pieuter les réservistes.

DEUXIÈME BRIGADIER MISTOQUE

Et alors, c'est seize lits chacun ?

BERNOT

Non ! En tout, quatre par chambrée.

PREMIER BRIGADIER BOURRE

Oh ! ben, si c'est que ça !... (*Avisant Laigrepin qui balaye la cour.*) Hein ! quoi ! Vous ne manquez pas de toupet, voilà que vous balayez la cour avec le balai de l'écurie ?

LAIGREPIN

Qué qu'ça peut faire ?

LE BRIGADIER BOURRE

Ça fait que vous coucherez à la boîte ce soir.

LAIGREPIN

C'est un peu bleu !

LE BRIGADIER BOURRE

C'est comme ça... Et puis tâchez voir à vous taire ou je vous mets deux jours avec le motif.

LE DEUXIÈME BRIGADIER MISTOQUE

au cavalier Faës qui s'est arrêté à regarder.

Et vous, qu'est-ce que vous faites là ?

FAES

Je fais rien.

MISTOQUE

Vous aurez deux jours. Ça vous apprendra à me répondre d'une façon impertinente. En voilà encore un client !

TROISIÈME BRIGADIER, *à un homme qui passe.*

Hé, Bernard ! J'ai oublié de te dire ce matin que je t'ai mis un jour de boîte pour m'avoir envoyé le soleil dans l'œil avec une glace.

BOURRE, *appelant.*

Vanderague.

VANDERAGUE

Brigadier ?

BOURRE

Il faudra vous mettre en tenue pour descendre à la boîte ce soir.

VANDERAGUE

Moi ?... Pourquoi ça ?

BOURRE

Pour avoir, étant de faction, présenté les armes à l'Evêque en imitant le cri du corbeau.

Sonnerie de la soupe.

VANDERAGUE

Quand ça donc ?

BOURRE

Y a un mois.

VANDERAGUE

Je me rappelle pas.

BOURRE

Je me rappelle, moi : c'est le principal. Vous étiez de garde à la poudrière : l'Evêque étant venu à passer, vous avez présenté les armes en faisant : « Couin ! Couin ! Couin ! » Assez.

VANDERAGUE

Y a du bon.

Il s'en va. Entre Favret suivi du troupeau des réservistes équipés.

FAVRET

Eh bien ! dites donc, les brigadiers, voulez-vous me fiche le camp à vos chambrées respectives, recevoir vos invités. Et tâchez de vous organiser rapidement. Vous n'avez pas de temps de reste.

Par la droite, entrée d'hommes portant des gamelles. Sonnerie de la soupe.

VOIX DANS LA COULISSE

A nous ! A nous !

D'autres soldats se précipitent vers les sorties. Nuit.

TROISIÈME TABLEAU

Lumière. Grand mouvement en scène. Des hommes portent des gamelles, traversant le théâtre de droite à gauche, revenant des cuisines et retournant à la chambre. D'autres disparaissent à l'intérieur de la cantine, premier plan à droite. Au loin, sonnerie de la soupe.

SCÈNE PREMIÈRE

PLUSIEURS VOIX, puis LE BRIGADIER BOURRE
et LANTEBOUT

Par la fenêtre ouverte de la chambre, des voix montent et s'interpellent.

UNE VOIX

Où qu'est mon quart ?

DEUXIÈME VOIX

Eh ben ! et le mien ? On m'a encore chauffé mon quart.

TROISIÈME VOIX

Si je connaissais l'enfant de salaud qui a touché à mon bricheton !...

DEUXIÈME VOIX

Mon quart donc ! Mon quart ou la classe !

QUATRIÈME VOIX

L'homme de chambre, la cruche est vide ! A l'eau ! à l'eau !

BOURRE, *debout sur le seuil de la cantine, son pain sous le bras.*

Qu'est-ce qu'il fabrique ? Qu'est-ce qu'il fabrique ? V'là près d'dix minutes que j'attends ! (*A Lantebout, l'homme de chambre qui apparaît la cruche à la main.*) Hé ! petit gas, passe donc aux cuisines voir qu'est-ce que fait Bourbouilloux. V'là dix minutes que j'y ai dit de me rapporter ma gamelle. J'sais pas qu'est-ce qui fabrique, moi.

Reprise de la sonnerie et entrée de Fricot et de Laplotte, toujours l'un suivant l'autre. Fricot tire la brouette. Laplotte porte une boule de son et deux gamelles.

FRICOT

Halte !
Ils s'arrêtent.

LAPLOTTE

V'là ta gamelle.

FRICOT

A nous le bon !

LAPLOTTE

C'est bien not'tour.

FRICOT

Tu parles.

LAPLOTTE

Après toi, le surin.
*Les cavaliers, la gamelle au poing, conti-
nuent à traverser le fond du théâtre.*

UN CAVALIER, *chantant.*

C'est pas de la soupe, c'est du rata.
C'est pas de la soupe, c'est du rata !

BOURRE

Qu'est-ce qu'y peut fiche ? Qu'est-ce qu'y
peut fiche ? Je crève la faim, bonsoir de
bonsoir.

FRICOT, *à Laplotte, à voix basse.*

Tiens !

Il lui passe un petit paquet.

LAPLOTTE, *à voix basse.*

Qu'est-ce que c'est que ça ?

FRICOT, *même jeu.*

Un acompte sur ta part dans le fromage de tête.

LAPLOTTE

Et le reste ?

FRICOT

Il est à l'ombre.

LAPLOTTE

Où ça ?

FRICOT

Gy ! A la chambre, caché sous le shako de Laigrepin qui est garde d'écurie ce soir. On n'ira pas le chercher là.

LAPLOTTE

Et demain ?

FRICOT

Demain y fera jour. Boulotte ton fromegi,

vieux lapin, ça graisse les parois de l'estomac et ça donne bon goût au pain sec.

Ils sont assis chacun d'une fesse sur les brancards de la brouette et soupent en un étroit et cordial tête-à-tête.

SCÈNE II

LES MÊMES, JOBERLIN, puis BERNOT et FAVRET

Joberlin entre par la droite en soulevant le couvercle de sa gamelle.

JOBERLIN

Oh ! regarde voir un peu ce manger.

FRICOT

Joberlin qui gueule !
Passe le fourrier.

JOBERLIN

Fourrier ?

BERNOT

Quoi ?

JOBERLIN

Regardez voir un peu ce qu'on nous donne à manger !

Il tire de sa gamelle une sorte de lingot de graisse.

BERNOT

Qu'est-ce que vous voulez que j'y fasse ? (*Apercevant Favret qui entre par la droite.*) Tenez, voici le chef ! adressez-lui votre réclamation !

FAVRET, *s'approchant.*

Qu'est-ce qu'il y a ?

JOBERLIN

Il y a, chef, que la soupe n'est pas mangeable. Voyez.

FAVRET, *tournant le dos.*

Je m'en fous pas mal. Je suis de la classe.
Il sort avec Bernot.

JOBERLIN

Si c'est pas une dégoutation de ficher de la carne pareille à des hommes de la classe. Salaud de boucher qui se paye de la fiole du pauv' monde et qui vole la galette du gouvernement. (*Entre Potiron en boucher.*) Bon sang, le v'là. Ah ! tu tombes bien ! T'es pas honteux, sale louchébem, d'nous fourrer de la carne pareille ?

POTIRON

Qu'est-ce qui lui prend, à çui-là ?

JOBERLIN

C'est de la bidoche, ça, hein ? C'en est ? Dis-le un peu, que c'est de la bidoche, et je te la colle su' le museau, pour te préserver des crevasses.

POTIRON

Tais-toi donc, hé, outil !

JOBERLIN

Filou !

POTIRON

Comment que tu m'as appelé ?

JOBERLIN

Filou !

POTIRON

Toi, je te vas aller peser le gîte à la noix, tu vas voir si ça va traîner.

JOBERLIN

Voleur !

POTIRON, *qui le prend à la cravate.*

Ah ! ça, veux-tu te taire ! En voilà encore un loufoque ! Qu'est-ce que tu me veux ? Qu'est-ce que je t'ai fait ?

Des hommes attirés par le bruit se sont précipités de toutes parts. Ils se sont formés en demi-cercle et assistent égayés à la querelle.

JOBERLIN, *étranglé.*

Le gaviot ! Le gaviot !

POTIRON, *amusé.*

Ah ! Ah ! (*Il desserre les doigts.*) Pourquoi que tu m'insultes, aussi ?

JOBERLIN

Tu nous vends de la sale bidoche.

POTIRON, *stupéfait.*

Moi ?

JOBERLIN

Dame ! T'es le boucher de l'escadron ?

POTIRON

T'es pas un petit peu maboul ? Je suis étalier à la Villetousse, et je viens tirer mes vingt-huit jours.

JOBERLIN

Tu pouvais pas le dire tout de suite ?

POTIRON

Quelle couche, messieurs les gendarmes !
(*Avisant Bourre.*) Hé ! brigadier ! où c'est-y
que je compte ?

BOURRE

Je l'sais-t-y, moi ? Qui que vous êtes,
d'abord ?

POTIRON, *se nommant.*

Potiron !... qu'a le nez rond comme un
marron.

Rire général auquel s'associe Potiron.

BOURRE

Ah ! c'est vous qui êtes Potiron ? Eh ben,
mon vieux, à c't'heure ici, faudrait qu'vous
alliez voir le chef... Et vous savez, vous n'y
couperez pas de vos quat'jours pour avoir
manqué à l'appel.

POTIRON

Quat'jours ?...

BOURRE

Oui, à faire en rabiot.

POTIRON

Ah ! la ! la ! Si y a jamais qu'ces quat'-jours-là pour me tomber sur la mirette, je suis pas près d'attraper un compère-loriot.

BOURRE

Allons donc ! De l'épate tout ça ! A quoi qu'ça sert de rouspéter ? L'officier d'semaine vous a mis quat'jours de prison, vous ferez vos quat'jours de prison et ça fera la rue Michel.

POTIRON

Trente-deux jours à tirer au lieu de vingt-huit ? Des patates ! Salut ! y a rien de fait !... Je vas toujours causer au chef.

Il sort.

JOBERLIN

Il est rigolo, le client !

FRICOT

Pas déjeté. Je l'aurais plutôt à la bonne.

LAPLOTTE

Gy ! moi itou.

BOURRE, *à Bourbouilloux qui arrive portant dans les mains deux gamelles.*

Tu y as mis le temps.

Ils entrent deux tous à la cantine.

LAPLOTTE, *apercevant Flick.*

Acrès !... Au chose !

Du même mouvement spontané, chacun d'eux se lance dans la bouche le restant du fromage de tête qu'il avait encore sur son pain.

FLICK

Comment, vous êtes encore là ?

LAPLOTTE

On a bien le droit de boulotter.

FLICK

Voulez-vous me faire le plaisir d'aller reporter ces gamelles aux cuisines et plus vite que ça, ou je vais vous fourrer au chose.

FRICOT

Pour ce que ça nous changera ! Nous n'en sortons pas ! et ça se comprend, vous êtes tout le temps sur not'dos. C'est de la blague ça aussi, de ne jamais foute la paix au monde. Je voudrais bien savoir ce que vous diriez, vous, si on était tout le temps sur le vôtre, de dos, à brailler : au chose ! au chose ! Tout ça pour arriver à nous faire passer au Conseil. Eh bien, nous n'y passerons pas.

LAPLOTTE

En tout cas, je vais vous dire une chose : vous n'avez pas le droit de nous empêcher de boulotter, non, vous n'en avez pas le droit ! Quand on travaille il faut manger, je ne connais que ça. Le gouvernement nous donne une gamelle, c'est pas pour qu'on nous la reprenne. C'est épatant, ça. A ce compte-là, avec quoi qu'on se les calerait, alors ? Avec des briques ?

FLICK

Attendez, je vais vous faire pousser des soupirs, tout à l'heure !... Qu'est-ce qui m'a bâti deux rossards pareils ! Est-ce que vous croyez que vous êtes punis de prison pour faire les propriétaires ? Et puis d'abord je vous ai déjà dit de ne

(Ensemble.) { pas parler en même temps que moi. Je vous défends, entendez-vous bien, de parler en même temps que moi. Taisez-vous ! Taisez-vous ! Assez !... Allez-moi balayer les cabinets tout de suite !

FRICOT

C'est bon. On y va ! Ah ! la ! la !

FLICK

Vous n'y couperez pas, de Biribi ; vous n'y couperez pas, de Biribi.

LAPLOTTE

Mais oui, mais oui, vous dites toujours la même chose.

FLICK

Qu'est-ce que c'est ?

MOUSSERET, *entrant.*

Ah ! c'est vous, Flick... Il est arrivé, Potiron ?

FLICK

Mon lieutenant, il y a deux minutes, je l'ai envoyé à sa chambre, 4e peloton.

MOUSSERET

Merci... Que j'aille voir comment il a le nez fait.

Il sort à gauche.

FLICK, *aux deux personnes.*

Et après ? Avez-vous fini de bâiller comme des huîtres au soleil ?

LAPLOTTE et FRICOT, *ensemble.*

On bâille comme on peut.

FLICK

Je ne vous demande pas de commentaires, je vous dis d'aller porter vos gamelles à la cuisine et de filer balayer les lieux, c'est clair, hein ?... Mais enfin, voulez-vous vous taire, nom de Dieu ! Est-ce que c'est un parti pris de couvrir ma voix chaque fois que je parle ? Rossards ! Rossards ! Taisez-vous ! mais taisez-vous donc ! Silence donc ! silence ! Vous verrez, allez, que vous y passerez au Conseil. Voulez-vous vous taire, à la fin ?

LAPLOTTE

Et puis vous n'avez pas de toupet,

vous, encore. Vous nous empêchez de boulotter, et ensuite parce qu'on bâille de faim, vous dites que nous sommes des huîtres ? Je suis pas plus huître qu'un autre ! vous saurez ça ! D'ailleurs, je ne veux pas qu'on m'insulte. Si vous m'insultez encore, je me ferai porter au rapport par le maréchal des logis chef et j'irai me plaindre au capitaine. Parfaitement ! on ne doit pas insulter les soldats, surtout quand ils n'ont rien fait !

(Ensemble.)

FRICOT

J'en ai plein le dos, moi, à la fin, de passer ma vie à être engueulé, c'est vrai, ça ! Y a de quoi en devenir idiot. Au chose ! au chose !... On n'entend que ça ! A quoi que ça sert d'être là à ahurir les personnes ! On ne peut seulement plus aller faire pipi : tout le temps on sonne aux consignés... Flûte ! Je ne veux plus rien savoir ! La classe ! La classe ! (*Sortie.*)

SCÈNE III

FAVRET et POTIRON, puis MOUSSERET,
BOURRE, HURLURET, etc., etc.

POTIRON, *sortant du bureau.*

C'est bon, quoi ! Faut pas vous frapper !

FAVRET, *seul, sur le seuil de la porte.*

Ah ! faut pas me frapper ? Vous croyez ?
Vous aurez quatre jours de plus !

POTIRON, *calme.*

Ça m'en fera huit.

FAVRET

Ça vous en fera huit, parfaitement. Et,
si vous ne vous dépêchez pas d'aller vous
faire équiper, je vous en ajouterai quatre
autres. Ça vous en fera douze.

POTIRON

Je sais compter.

FAVRET

Oh ! vous irez loin, de ce train-là, si les
petits cochons ne vous mangent pas !

POTIRON, *seul, comptant sur ses doigts.*

Vingt-huit et huit de rabiot font trente-six. Trente-six jours au lieu de vingt-huit ... Des patates !... Ces gens-là ne m'ont pas bien regardé... Si ça continue, je connais quelqu'un qui n'traînera pas ici ! Je vas faire un tour à l'habillement.

> *Il pousse la porte de gauche du magasin surmontée du mot : « Entrée » et disparaît.*

MOUSSERET, *qui rentre en scène par la gauche.*

Qu'est-ce qu'on me chante ? Pas plus de Potiron que sur ma main.(*Au brigadier Bourre qui sort de la cantine.*) Pas vu Potiron, brigadier ?

BOURRE

Mon lieutenant, il est chez le chef.

MOUSSERET

Ah ! bon ! merci ! (*Il va à la porte du bureau et la pousse.*) Potiron est là ?

FAVRET, *sur le seuil.*

Mon lieutenant, il sort d'ici à l'instant même. Il est allé se faire équiper.

MOUSSERET

Ça va bien.

HURLURET, *qui entre.*

Dites-moi, lieutenant : ils s'installent, nos réservistes ?

MOUSSERET

Certainement, mon capitaine.

HURLURET

Et pour les lits ?

MOUSSERET

Nous les aurons !

HURLURET

Tant mieux pour vous ! Pas de manquants ?

MOUSSERET

Nous avions un retardataire, mais il a rejoint et je vais de ce pas le retrouver au magasin d'habillement où je me propose de lui inculquer, avec votre permission, quelques notions de cette exactitude qui est la politesse des rois !

HURLURET

Faites ! Faites !

Mousseret pénètre dans le magasin par la même porte qui tout à l'heure s'est refermée sur Potiron. A la même seconde, l'autre porte, celle qui est surmontée du mot : « Sortie », s'entr'ouvre, livrant passage à Potiron, les bras encombrés de vêtements. Il est coiffé d'un shako, qui est ridiculement petit. A cette vue :

HURLURET

Qu'est que c'est que ça ? Un shako ?

POTIRON

Je ne sais pas, mon capitaine. Ce n'est pas moi qui l'ai choisi.

HURLURET

Vous ne voyez pas qu'on s'est fichu de vous, imbécile ? Voulez-vous bien aller me changer ça tout de suite !

POTIRON

Avec plaisir.

Il rentre au magasin par la porte d'où il est sorti. Par l'autre porte, au même instant, réapparition de Mousseret.

MOUSSERET

Potiron n'est pas là. Il doit être chez le barbier.

Il sort à droite.

HURLURET, *qui a poussé la porte du chef.*
Repos !... Rien de nouveau ?

VOIX DE FAVRET
Non, mon capitaine !

HURLURET
Les deux lascars ?...

VOIX DE FAVRET
Toujours manquants...

HURLURET
Chameaux ! Ils vont si bien faire, que je ne pourrai plus les repêcher !

Entrent par plusieurs côtés, Lantebout, Bourre, Vergisson, Joberlin, Lefourcher, Chantavoine, Laigrepin, Vachette, Vanderague, mêlés à des vingt-huit jours en tenue.

HURLURET, *venant se poster devant le réserviste Ledru.*
Eh bien, jeune homme ? (*Mutisme embar-*

rassé du soldat.) Vous êtes content ? Ça fait du bien, hein, de temps en temps, de se retrouver au régiment ?

LEDRU

...Oui.

HURLURET

Vous dites ça comme en revenant de Pontoise. Pourquoi ? Vous êtes très bien ici. Bon air, bons camarades, existence tranquille, nourriture saine et abondante... Je ne vois pas ce qu'il vous faut de plus !

LEDRU

Mon capitaine, c'est vrai... seulement, moi, j'ai ma femme...

HURLURET

Vous avez peur qu'elle vous fasse cocu ?

LEDRU

Oh ! je sais bien qu'y n'y a pas de danger !

HURLURET

Comment, y n'y a pas de danger !... Avec une tête comme la vôtre ?... Vous êtes sûr de votre affaire...

LEDRU

Mon capitaine, je vous assure...

HURLURET

Ne dites donc pas des bêtises : vous n'y couperez pas, allez. Bah ! qué qu'ça fait ? (*Réapparition de Potiron.*) Vous voilà revenu, vous ! A la bonne heure, voilà ce qui s'appelle un képi... A-t-il l'air réjoui, ce gaillard-là !

POTIRON

Je ne suis pas au monde pour m'embêter.

HURLURET

Bien parlé ! Passez-moi un peu votre dolman. (*Potiron surpris obéit.*) Bon ! Très bien ! Belle étoffe ! Eh ! Eh ! vous allez être beau comme un astre, avec ça ! (*Aux soldats qui se sont approchés et qui écoutent en riant.*) Pas vrai, vous autres ?

JOBERLIN, *tâtant l'étoffe du vêtement.*

Le drap est un peu sec.

HURLURET

Peut-être.

JOBERLIN

Il gagnerait à être arrosé.

POTIRON

Le malin, là ! (*Rire des hommes.*) Tenez, v'là là une thune ; tirez-vous à la cantine. Je vas déposer mon truc à la chambre, et je vous rejoins.

HURLURET

Parbleu, voilà un bon garçon ! Comment t'appelles-tu ?

POTIRON

Potiron... qu'a le nez rond comme un marron.

HURLURET

Je m'en souviendrai dans mes prières. File, clampin !

POTIRON

Mon capitaine !...

Il porte la main au shako et sort par le dernier plan gauche.

HURLURET, *aux hommes.*

Fichez le camp boire à ma santé.

Il sort. Sonnerie de la parade.

CHANTAVOINE

Bon ! v'là qu'on sonne au changement de garde. Je coupe à la tournée. Déveine !

Mouvement de scène. Entrent cinq hommes de garde montante. Ils ont le manteau en cor de chasse et le plumet au shako.

LE BRIGADIER BOURRE *entre par la gauche, en grande tenue, lui aussi.*

Pressons-nous, pour la parade. (*A Chantavoine.*) Quoi, alors ? y a pus d'amour ?

CHANTAVOINE

Une minute donc ! (*Il a couru à la fenêtre ouverte de la chambre.*) Eh ! Potiron !

POTIRON, *à l'intérieur de la chambre.*

... Qu'a le nez rond comme un marron. Qu'est-ce qu'il a fait ?

CHANTAVOINE

Passe-moi mon manteau, mon shako et ma carabine. C'est su' mon pieu... C'est ça ; merci !...

Potiron lui passe par la fenêtre les objets demandés. Chantavoine se coiffe du shako et passe sa tête dans l'enroulement du manteau.

BOURRE

C'est-y pour aujourd'hui ?

CHANTAVOINE

Présent !

Il vient se placer dans le rang. Le sous-officier de semaine est entré, et lentement il passe la revue des hommes.

MOUSSERET, *entre en coup de vent.*

Je viens de chez le barbier. Il n'y est pas... Potiron va me payer ça. (*Haut.*) Personne n'a vu Potiron ?

CHANTAVOINE, *l'arme au pied.*

Moi !

MOUSSERET

Où est-il ?

CHANTAVOINE

Il est à la chambre. Je viens de lui causer.

MOUSSERET

Ah ! bon ! (*A Bourre.*) Rien de nouveau ?

BOURRE

Non, mon lieutenant.

MOUSSERET

Eh bien ! quand vous voudrez. Vous ne

voyez pas que vous me barrez le chemin ?

BOURRE

Cavaliers à gauche... gauche ! Cavaliers en avant, arche !...

Le peloton se met en marche et sort de scène par la droite, tandis que Mousseret sort par la gauche. — Aussitôt :

POTIRON, *paraissant à la fenêtre.*

Que j'aille briffer moi... Je crève de faim, bon Dieu !

Il enjambe, puis traverse la scène et pénètre à la cantine. Acclamations bruyantes. Un temps. Soudain, à la fenêtre de la chambre, apparition de Mousseret qui se penche avec précaution à droite et à gauche.

MOUSSERET

Ah ! ouat !... Rien du tout... Elle est raide !... Est-ce que je vais passer ma journée à courir après cette brute ? Où peut-il être ? Où peut-il être ?

Il disparaît.

POTIRON, *à la cantonade.*

Du bœuf à l'oseille ? y a rien de fait !...
(*Il sort de la cantine.*) C'est pas pour ma fiole,
ces menus-là ! Je vas aller croûter en ville.
Seulement, faudra voir à voir et à n'pas
me coller l'nez dans l'officier de semaine.
Avec mes huit jours de prison, y pourrait
y avoir de l'erreur.

Mousseret, justement, vient de rentrer
par la gauche. A la vue de Potiron :

MOUSSERET

Ah ! chasseur.

POTIRON, *s'approche.*

Zut ! chauffé !

MOUSSERET

Connaissez-vous un réserviste du nom
de Potiron ?

POTIRON

Un boucher ?

MOUSSERET

Un boucher, c'est cela. Je le cherche depuis
une heure, pas moyen de mettre la main
dessus.

POTIRON

Mon lieutenant, nous étions ensemble à la cantine, y a pas un quart de minute.

MOUSSERET

Parfait ! merci !
Il file vers la cantine.

POTIRON

Et maintenant, du vent !
Il sort.

MOUSSERET, *sur le seuil de la cantine.*
Potiron !

VOIX DE JOBERLIN

Mon lieutenant, il sort d'ici !

MOUSSERET

Tonnerre de Dieu ! ça va finir cette plaisanterie. (*Passe le maréchal des logis de semaine Barquetti.*) Maréchal des logis ?

LE MARÉCHAL DES LOGIS BARQUETTI,
s'approchant.
Mon lieutenant ?

MOUSSERET

Vous allez me coffrer à l'instant même le réserviste Potiron.

LE MARÉCHAL DES LOGIS BARQUETTI

Bien. Où est-il ?

MOUSSERET, *les yeux hors de la tête.*

Vous serez consigné deux jours pour vous apprendre à me poser des questions aussi bêtes que vous. A-t-on idée d'un emplâtre pareil ! qui vient me demander : « Où est-il ? » quand voilà une heure que je sue sang et eau à le chercher ! (*Mouvement du maréchal des logis.*) Assez ! Vous aurez deux jours, et vous en aurez quatre de plus, si Potiron n'est pas sous clé dans dix minutes ! Débrouillez-vous, cherchez-le ! moi, j'y renonce. — (*A madame Bijou, cantinière, qui vient de sortir de la cantine et qui lui touche le bras pour attirer son attention.*) Quoi ?

MADAME BIJOU

J'ai à me plaindre.

MOUSSERET

De qui ?

MADAME BIJOU

Mon lieutenant, on m'a barboté un fromage de tête de cochon.

MOUSSERET

Qu'est-ce que vous voulez que ça me fasse ?

MADAME BIJOU

Vous pourriez au moins être poli !

MOUSSERET

Eh bien, et vous ?

MADAME BIJOU

Mais...

MOUSSERET

Vous vous fichez de moi, la mère ?... Dites encore un mot, un seul mot, je vous fais fermer votre baraque pour huit jours. C'est compris, hein ?... Qui est-ce qui m'a bâti une vieille chabraque comme ça ! (*A Barquetti qui est demeuré ahuri.*) On vous a empaillé sur place ? (*Sortie du sous-officier.*) Regardez-moi un peu cette vieille folle, avec son fromage de tête.

Il sort.

SCÈNE IV

MADAME BIJOU, HURLURET

MADAME BIJOU, *seule.*

Va donc, hé bleu ! blanc-bec ! pierrot !

T'as d'la veine que j'sois pas ta mère. Je t'en ficherais une, de fessée !

HURLURET, *entrant par la gauche.*

Qu'est-ce qu'y a ? Vous causez toute seule ?

MADAME BIJOU

Ah ! c'est vous ! Eh ben, c'est du propre !

HURLURET

A cause ?

MADAME BIJOU

A cause qu'à c't'heure-ci, il y a des voleurs à l'escadron.

HURLURET

Pas possible !

MADAME BIJOU

Telle que vous me voyez, on vient de me chiper un fromage.

HURLURET

Un fromage !

MADAME BIJOU

Un fromage de tête que j'avais acheté hier, aux Halles, pour l'arrivée des réservistes.

HURLURET

Ça, c'est trop fort !... Et... vous êtes sûre ?

MADAME BIJOU

Je vous crois ! Je trinque de douze francs.

HURLURET

Si je savais qui a fait le coup !...

MADAME BIJOU

Cherchez-le donc, je vous le conseille ; vous priez le bon Dieu de ne pas le trouver.

HURLURET

Ne dites donc pas de bêtises, la mère !...

MADAME BIJOU, *qui s'emballe.*

Vous êtes de delà, comme une souche... Est-ce que vous ne feriez pas mieux de faire sonner les quat'appels, fouiller les hommes, visiter les paquetages ! Fichez-moi donc tout le monde au bloc, jusqu'à ce que le voleur se déclare ! Qué malheur d'être qu'une femme, bon Dieu ! Voulez-vous que je vous le dise, moi, celui qui a fait le coup ?

HURLURET

Qui est-ce ?

MADAME BIJOU

C'est Fricot.

HURLURET

Non.

MADAME BIJOU

Alors, c'est Laplotte.

HURLURET

Pourquoi ça ?

MADAME BIJOU

Parce que, si ce n'est pas l'un, c'est l'autre, à moins que ce soye tous les deux, c'est sûr comme deux et deux font quatre. Je connais bien leur marque de fabrique. Seulement, voilà, toucher aux Pierrots de monsieur, on pourrait leur zy faire du mal ; alors, monsieur ne veut rien savoir. C'est dégoûtant ! Eh bien, je vas faire du chichi, moi !

HURLURET

Du chichi ?

MADAME BIJOU

Oui, du chichi ! J'vas écrire au colonel ; j'vas lui dire les choses comme elles sont, qu'y a de la fripouille ici, et qui ne s'passe pas un jour sans qu'on barbote dans mon bien. C'est des chandelles, c'est du pain blanc, c'est du tabac ! Avant-hier c'était deux saucisses et à c't'heure je danse d'un fromage de tête ! J'en ai assez. Tout ça c'est Fricot et Laplotte. J'vas les faire passer au conseil, aussi vrai comme y a qu'un Dieu !

HURLURET

Faites donc pas de blagues.

MADAME BIJOU

J'vas me gêner !

HURLURET

Cinq ans de travaux publics à deux pauv' rigolos, pour un fromage de cochon !

MADAME BIJOU

Parfaitement !

HURLURET

Vous ne ferez pas ça !
Un temps.

MADAME BIJOU

Tiens, Edmond, veux-tu que je te dise ? T'es toujours le même imbécile. Tu ne vois pas que ces pratiques-là se payent ta physionomie, parce que t'es trop faible et trop bon !

HURLURET

Eh ! tu m'embêtes !

MADAME BIJOU

Je t'embête ? Tu ne disais pas ça, il y a vingt ans, quand t'étais simple chien de quartier à Lunéville.

HURLURET

C'est bon, c'est de l'histoire ancienne !

MADAME BIJOU

T'étais bien content de me trouver, et je ne t'embêtais pas, alors ! C'est pas vrai ce que je dis là ? Hein ? Est-ce que c'est vrai, oui ou non ?...

HURLURET

C'est pas la peine de hurler. S'il y a eu des histoires entre nous, il y a vingt ans, ça ne regarde pas les autres.

MADAME BIJOU

Non, mais quand les autres me barbotent, ça me regarde !

HURLURET

Veux-tu te taire ?

MADAME BIJOU

Non !

HURLURET

Alors, combien veux-tu pour nous fiche la paix ?

MADAME BIJOU

Mon fromage !... Ou mes douze francs !

HURLURET

Tope !... Je prends les douze francs à mon compte.

Il met la main à sa poche.

MADAME BIJOU

Vous croyez que c'est pas une pitié de voir un honnête homme comme ça, payer pour de la crapule et lâcher sa bonne galette comme s'il en avait de trop pour lui... — J'en veux pas, de c't'argent...

HURLURET

Pourquoi ?

MADAME BIJOU

C'est mon affaire.

HURLURET

Vous croyez que c'est pas à tuer ?... Une vieille casquette qui me reproche d'être toujours le même imbécile, et qui est aussi bête que moi !

MADAME BIJOU

Je ne dis pas non.

HURLURET

A la bonne heure ! Coupons la poire en deux, en ce cas.

MADAME BIJOU

Coupons-la !

HURLURET

Et puis pas d'erreur : je veux pas de pétard au colonel.

MADAME BIJOU

Eh ben, on n'en fera pas, de pétard !

HURLURET

Eh ben ! voilà !

MADAME BIJOU

Eh ben, c'est bon.

RIDEAU

QUATRIÈME TABLEAU

Le corridor de la prison. Le décor est fermé, à gauche, par un mur plein, à droite par un mur dans lequel est pratiquée une porte. Au fond, face au public, la porte du cachot, garnie d'une énorme serrure et d'un verrou formidable. Nuit au lever du rideau. Flick, une lanterne à la main, entre, suivi du maréchal des logis de semaine.

SCÈNE PREMIÈRE

FLICK, FRICOT, LAPLOTTE, MARÉCHAL DES LOGIS ROSETTE

FLICK

Mes deux pierrots ?

LE MARÉCHAL DES LOGIS ROSETTE

Bouclés. Soyez tranquille.

FLICK

Vous avez les clefs de la boîte ?

LE MARÉCHAL DES LOGIS ROSETTE

Les voilà, mon lieutenant.

FLICK

Bon. Tenez-moi ma lanterne. (*Il ouvre
la porte du cachot.*) Fricot !

VOIX DE FRICOT

Présent !

FLICK

Laplotte !

LA VOIX DE LAPLOTTE

Il est dans le sciau, il trempe.

FLICK

En voilà une réponse ! Attendez voir un
peu ; je vas vous apprendre à faire l'homme
d'esprit. Eclairez-moi donc, marchis ! Ah
çà ! mais, nom de Dieu ! ils dorment !...
Voulez-vous bien vous lever tout de suite ?
Est-ce que vous vous foutez de moi ?

VOIX DE LAPLOTTE

Faut nous lever ?

FLICK

Oui.

VOIX DE FRICOT

Pourquoi ?

FLICK

Parce que je vous le commande. Et pas d'observations, n'est-ce pas, ou c'est à moi que vous aurez affaire. Qu'est-ce qui m'a bâti deux rossards pareils, qui ne pensent qu'à se caler les gencives et à dormir comme des cochons ? (*Apparition des deux hommes.*) Allez ! Zou !

LAPLOTTE, *écœuré.*

Ah ! la ! la !

FLICK, *réjoui.*

Ça vous en bouche un coin ? — Dites donc, Fricot, si vous êtes fatigué, on peut faire atteler la prolonge. Voulez-vous vous presser, tonnerre ?

FRICOT

Alors, on ne peut plus dormir ?

FLICK

Non.

LAPLOTTE

On a le droit pourtant.

FLICK

Je m'en fous.

FRICOT

D'abord, il est huit heures.

FLICK

Quand même il en serait dix ! Y a pas d'heure pour la crapule. Non, mais ils sont rigolos, tous les deux : ils se prennent pour des propriétaires !

LAPLOTTE

Des propriétaires ! Ah ! la ! la ! ils sont frais, les propriétaires !

FLICK

Assez !

FRICOT

Des propriétaires !... Vous en avez de bonnes, vous encore !

FLICK

Ça suffit.

FRICOT et LAPLOTTE

Pourquoi que vous venez dire comme ça, que nous sommes des propriétaires ?

FLICK

Ils ne se tairont pas !... Hein ! marchis, ce n'est pas une calamité d'avoir affaire à des lascars pareils ? Laissez faire, allez, je les aurai.

FRICOT

Faudra voir.

FLICK

Faudra voir ?

LAPLOTTE

Oui, faudra voir.

FLICK

Combien voulez-vous parier que je vous fais passer au conseil avant le départ de la classe ?

FRICOT

En bois.

FLICK

En bois ?

LAPLOTTE

Oui, en bois.

FLICK

Nom de Dieu, je ne m'appelle plus Flick, si vous y coupez de Biribi !

FRICOT, *très calme.*

Nous y couperons de Biribi.

FLICK

Vous y couperez de Biribi ?

LAPLOTTE

Oui, nous y couperons de Biribi.

FLICK

Eh bien, nous le verrons un peu, si vous y couperez de Biribi. En attendant, vous allez me jouer un petit duo de clarinettes, avant que j'aille me coucher. Allez-moi chercher vos flingots.

FRICOT, *ahuri.*

On va pas faire du maniement d'armes à c'te heure-ci ?

FLICK

C'est ce qui vous trompe.

LAPLOTTE

Le règlement le défend.

FLICK

Le règlement, c'est moi.

FRICOT

Ah ! ben ! c'est commode.

FLICK

C'est comme ça. Foutez-moi le camp chercher vos flingots, et au trot.

LAPLOTTE

Ça, c'est trop fort !

FLICK

Je vous dis d'aller chercher vos armes ! Si vous dites un mot, un seul mot, je porte plainte contre vous au colon pour rébellion et refus formel d'obéissance. Il y a un témoin, prenez garde ! C'est dix ans de travaux publics, aussi vrai que vous êtes deux fripouilles !

LAPLOTTE, *se dirigeant vers la porte.*

Ah ! ça va bien !

FRICOT

Ne m'en parle pas ! Il y a de quoi rire et s'amuser.

LAPLOTTE

Où il y a de la gêne, y a pas de plaisir.

FLICK

Mais, taisez-vous donc, nom de Dieu !
Sortie des deux hommes.

FLICK

Ah ! gibier de bagne !

LE MARÉCHAL DES LOGIS ROSETTE

Bah ! un peu de patience. Ils n'en ont plus que pour trois mois.

FLICK

Pour trois mois ! Dites donc, mon garçon, est-ce que vous vous payez ma tête, vous aussi ?

LE MARÉCHAL DES LOGIS ROSETTE

Oh ! mon lieutenant !

FLICK

Trois mois !... Trois mois !... Mais d'ici six semaines ils casseront le caillou sur la route, quand je devrais y laisser ma peau !

LE MARÉCHAL DES LOGIS ROSETTE

Je n'en doute pas, mon lieutenant.

FLICK

Et il y a beau temps qu'ils le casseraient, le caillou, s'il y avait une justice au ciel, et si tout le monde au quartier ne prenait pas parti pour eux, depuis le capitaine jusqu'à vous.

LE MARÉCHAL DES LOGIS ROSETTE

Comment, jusqu'à moi ?

FLICK

Parfaitement ! Et la preuve, c'est que vous serez consigné huit jours.

LE MARÉCHAL DES LOGIS ROSETTE

Pourquoi ça ?

FLICK

Pour vous apprendre à me regarder avec des yeux qui se foutent de moi.

Rentrée de Fricot et de Laplotte avec leurs carabines.

FLICK

Vous voilà ? Vous y avez mis le temps.

LAPLOTTE

Faut ce qu'il faut.

FRICOT

Dame !

FLICK

C'est bon, on ne vous demande rien, collez-vous le nez au mur et fichez-moi la paix !

Laplotte et Fricot obéissent.

LE MARÉCHAL DES LOGIS ROSETTE

Mon lieutenant, voici l'heure de relever le factionnaire.

FLICK

Eh bien ! Allez-vous-en. Est-ce que je vous retiens, moi ?

Sortie du sous-officier.

FRICOT, *le nez au mur.*

Vrai, alors ! C'est plus fort que de jouer au bouchon avec des pains à cacheter.

LAPLOTTE

Le peloton, à huit heures du soir !... Elle est raide tout de même, celle-là !

FLICK

Silence, ou je vous en fais bouffer jusqu'à deux heures du matin. (*Laplotte et Fricot demeurent muets.*) L'arme au pied ! (*Les deux hommes prennent la position.*) Vous allez m'exécuter un : « Portez armes » selon les principes. Ouvrez l'oreille et la bonne !... Au commandement : « Portez armes ! un temps ! trois mouvements ! », élever l'arme verticalement, la main droite à la hauteur du téton droit, le coude droit joint au corps. En décomposant. Garde à vous !... Portez armes ! Un ! (*Les deux hommes exécutent le mouvement.*) Et maintenant, que je vous pince à renifler, seulement ! Ah ! mes gaillards !... la plaisanterie n'est peut-être pas de votre goût ! Contempler le mur du lazaro, la giberne aux reins, au port d'arme, ça ne vaut pas les douceurs du coup de traversin. Mais enfin, il faut se faire une philosophie. Y a rien de bon comme le peloton de chasse après dîner ; ça facilite la digestion et ça prépare au sommeil. C'est pas une blague... Dites donc, Fricot, voulez-vous que j'aille vous chercher un fauteuil ? Les genoux tendus, s'il vous plaît ! et le corps bien d'aplomb sur les hanches !... Là ! — Quelle heure est-il ?... (*Il tire sa montre.*) Huit heures dix... Nous avons le temps de faire la causette... Vous êtes fatigués, peut-être ? Bah ! vous dormirez demain, ne vous faites donc pas de bile. (*Il rit.*) Allons, allons, c'est pour blaguer tout ça. Je ne suis pas si féroce que j'en ai l'air, au fond : la preuve, c'est que nous allons

passer au deuxième mouvement. Attention !
Au commandement : « Deux ! », saisir l'arme
de la main gauche au-dessous de la main droite
et descendre aussitôt la main droite pour em-
brasser le chien et la sous-garde. Vous y êtes ?

FRICOT et LAPLOTTE

Oui.

FLICK

Eh bien ! moi, j'y suis pas encore. (*Murmures.*) Attendez que je roule une sibiche.
(*Murmures des deux prisonniers.*) Tiens !
il y a des mouches à viande, ici !

*A ce moment, Fricot a, très simplement,
posé son fusil à terre et s'assoit en
tailleur auprès.*

FLICK

Hein ?... Qu'est-ce que c'est ?

FRICOT

Je suis fatigué !

FLICK

Est-ce que vous vous foutez de moi ?
Relevez-vous et ramassez-moi votre fusil
tout de suite.

FRICOT

Ramassez-le vous-même.

FLICK, *stupéfait.*

Vous dites ?

FRICOT

Je dis : « Ramassez-le vous-même. » J'en
ai assez.

LAPLOTTE, *reproduisant exactement le jeu de
scène de son camarade et s'asseyant de
même auprès de son fusil.*

Et moi, je marche plus !

FLICK

Nom de Dieu !

LAPLOTTE, *très calme.*

Il n'y a pas de « nom de Dieu » qui tienne...
je marche plus et voilà tout.

FRICOT, *sans haine.*

Est-ce que vous nous prenez pour des
bêtes de somme ?

FLICK, *à Fricot.*

Crapule !

FRICOT, *goguenard.*

Nous sommes deux.

FLICK, *à Laplotte.*

Saleté !

LAPLOTTE, *très aimable.*

Eh ben ! et vous ?

FLICK, *fou de rage.*

Vous aurez huit jours de salle de police avec un petit motif qui vous tiendra les pieds chauds.

LAPLOTTE

Ça m'évitera d'avoir des engelures.

FRICOT

Justement !

FLICK

Taisez-vous !

FRICOT

Si je veux.

LAPLOTTE

Si ça me plaît.

FLICK

Que ça vous plaise ou non, je vous ordonne de vous relever et de ramasser vos carabines !

FRICOT et LAPLOTTE, *toujours assis à terre.*

Nous ramasserons la peau !

FLICK

Voilà un entretien qui va vous mener bougrement loin.

FRICOT

Où ?

LAPLOTTE

Au conseil de guerre ?

FRICOT

Nous ne demandons que ça !

LAPLOTTE

Oui, nous ne demandons que ça !

FRICOT

Oui, nous ne demandons que ça !

LAPLOTTE

Nous vous avons assez vu, à la fin !

FRICOT

Toujours dans nos jambes.

LAPLOTTE

Sur not' dos.

FRICOT

On ne pouvait plus manger.

LAPLOTTE

On ne peut plus dormir.

FRICOT

Vous croyez que c'est une vie ?

LAPLOTTE

Il y a de quoi en crever !

FRICOT

Enfin, voyons...

LAPLOTTE

On n'est pas des bœufs, nom de Dieu !

FLICK

Fricot, Laplotte, écoutez bien. Pour la troisième et dernière fois, je vous donne l'ordre... l'ordre, vous entendez ? de vous relever et de ramasser vos carabines.

LAPLOTTE

J'aimerais mieux claquer.

FLICK

Prenez garde.

FRICOT

A qui ?

LAPLOTTE

A quoi ?

FRICOT

Au conseil ?

LAPLOTTE

Aux bat'd'Af ?

FRICOT

Et après ?

LAPLOTTE, *se mouchant avec ses doigts.*

Nous nous en foutons.

FRICOT

Ça ne sera pas pire qu'ici.

LAPLOTTE

Vous n'y serez pas ?

FLICK

Hein ?

LAPLOTTE

Non ?

FRICOT

En ce cas, c'est tout profit pour nous.

LAPLOTTE et FRICOT

D'abord, pourquoi que vous avez dit que nous étions des propriétaires ?

FLICK

Alors, c'est bien entendu, vous ne voulez pas ?

FRICOT et LAPLOTTE

Non.

FLICK

Vous refusez formellement ?

FRICOT et LAPLOTTE

Oui !

FLICK

Soit ! C'est vous qui l'aurez voulu. (*Il va à la porte qu'il ouvre.*) Maréchal des logis !

FRICOT et LAPLOTTE, *après s'être relevés vivement.*

Pet ! Pet !

Entre le maréchal des logis Rosette.

LE MARÉCHAL DES LOGIS ROSETTE

Mon lieutenant.

FLICK

Ces deux hommes m'ont manqué, de respect. Ils m'ont gravement outragé et vous en témoignerez devant le conseil de guerre.

LE MARÉCHAL DES LOGIS ROSETTE

Je vous demande pardon, mon lieutenant, mais je ne témoignerai pas sous la foi du serment d'un fait que je n'ai pas constaté par moi-même.

FLICK

En tout cas, vous attesterez qu'ils m'ont refusé l'obéissance.

FRICOT

Hein ?

LAPLOTTE

Quoi ?

FRICOT

Qu'est-ce que vous dites ?

LAPLOTTE

Refusé l'obéissance ?

FRICOT

Quand ?

LAPLOTTE

Où ?

FRICOT

A propos de quoi ?

LAPLOTTE, *à Fricot.*

T'as refusé d'obéir ?

FRICOT

Jamais !

LAPLOTTE

Moi non plus.

FRICOT

Comprends pas.

FLICK

Ah ! nom de Dieu de menteurs !

FRICOT

Pardon !... Nous ne mentons pas, mon lieutenant, c'est vous qui faites erreur.

FLICK, *exaspéré, montrant les deux fusils.*

Mais ils sont encore là !

LAPLOTTE

Quoi ?

FLICK

Vos fusils !

FRICOT

Naturellement !

LAPLOTTE

C'est vous qui nous avez ordonné de les jeter.

FRICOT

En nous commandant : « Armes à terre ! »

LAPLOTTE

Même que nous ne savions pas ce que ça voulait dire.

FRICOT

Ah ! vous voyez !

LAPLOTTE

Vous savez, mon lieutenant, c'est pas fort
ce que vous faites là.

FRICOT

Pour sûr, c'est pas fort !

LAPLOTTE

Des fourbis pour nous faire passer au
conseil, quand nous n'avons rien fait pour ça !

FRICOT

Des trucs pour nous faire envoyer aux
bat' d'Af, quand nous ne l'avons pas mérité !

*Flick veut placer un mot, mais déjà, de
leurs voix larmoyantes, ils couvrent la
voix de l'adjudant.*

LAPLOTTE

(Ensemble.) C'est malheureux, ça aussi, qu'on ne
puisse pas seulement dormir tranquilles.
Et à c'te heure, voilà qu'on est menacé.
On dit que vous avez fait des choses
quand vous ne les avez pas faites. C'est
pas la peine de se conduire bien et de
donner le bon exemple aux autres.

FRICOT

Non ! ce n'est pas de jeu ! Non ! ce n'est pas de jeu ! Vous devriez avoir honte, mon lieutenant. Des trucs pareils, ça ne se fait pas. On ne doit pas envoyer au conseil les personnes qui n'ont rien fait, ou alors c'est dégoûtant.

FLICK, *à Laplotte et à Fricot.*

C'est bon ! allez toujours ! vous vous êtes foutus de moi, mais ça vous coûtera cher. Je vous aurai, bougres de cochons ! je finirai bien par vous avoir. Et ce jour-là, allez, ce sera mon tour de rigoler. Et puis, c'est pas tout ça, vous allez me foutre le camp. En cellule, nom de Dieu ! en cellule !

Flick, se colletant presque avec les deux prisonniers qui regimbent, se plaignent, se lamentent, les repousse vers la porte du fond, puis à l'intérieur du cachot, dont enfin il referme la porte, cependant que retentit la sonnerie : « Aux consignés ! »

RIDEAU

CINQUIÈME TABLEAU

Une toile est tombée à l'avant-scène, dégageant juste le proscenium. Elle représente une des plus hautes murailles qui enferment le quartier de cavalerie. Une série de demi-lunes donnent jour sur les écuries. C'est la nuit. En scène, nuit complète. Dans la salle, demi-obscurité. La neige tombe. D'abord grand silence, puis tout à coup une horloge lointaine sonne huit heures... puis une seconde, puis une troisième, chacune dans un timbre différent, à l'horloge du lycée, de la cathédrale et de l'hôtel de ville. Très loin, en ville, la retraite de cavalerie. Tableau de pure impression qui se termine sur la sonnerie bruyante de l'appel dans les chambres.

SCÈNE UNIQUE

Après la sonnerie de l'appel, le capitaine Hurluret, l'air préoccupé, traverse lentement la scène de droite à gauche. Sur le point de sortir, il s'arrête, tendant l'oreille aux vagues bruits de la caserne ; puis, avec un geste découragé :

HURLURET

— Chameaux !

Et il passe.

RIDEAU

SIXIÈME TABLEAU

*La cantine. — Des vingt-huit jours payent
la bienvenue à des hommes de leur peloton ; ils
sont groupés ceux-ci et ceux-là, assis ou debout,
autour de lourdes tables de chêne flanquées
de bancs. Les tables du fond sont également
garnies de buveurs et deux ou trois cavaliers
boivent debout devant le zinc de la cantine.
La mère Bijou verse à boire, debout derrière
ses brocs. Joussiaume, l'aide de cantine, va
et vient, portant des bouteilles et des petits
verres.*

*Au lever du rideau, tableau très animé.
Beaucoup de bruit.*

VANDERAGUE, *debout à une table.*

Chasseur, au quartier (*bis*)
S'appuie des verr's et des demi-stiers
A la santé des carottiers
Ah !

LE CHŒUR

Ah ! la belle vie que l'on mène,
Dans les chasseurs,
Dans les chasseurs.

VANDERAGUE

Chasseur au café, chasseur au café
Au lieu de prendre son bitter
Se rince la gueule dans tous les verres
Ah !

TOUTE LA TABLÉE

Ah ! la belle vie que l'on mène,
Dans les chasseurs,
Dans les chasseurs.

VANDERAGUE

Chasseur à l'hospice, chasseur à l'hospice
Au lieu de sucer d'la réglisse,
Se les calle avec des saucisses
Ah !

TOUTE LA TABLÉE

Ah ! la belle vie que l'on mène,
Dans les chasseurs,
Dans les chasseurs.

Braillements enthousiastes, cris, vociférations.

MADAME BIJOU

Assez ! assez ! C'est t'y qu'vous voulez nous rendre sourds ?

LEDOUX

On ne peut plus rigoler, alors ?

MADAME BIJOU

Vous pouvez rigoler sans faire une vie pareille. Y a pas de bon sens, d'brailler comme ça.

VERGISSON

Elle a raison. Ta gueule !

LEDOUX

La tienne ! qui est-ce qui te demande ton avis? T'as pas d'ordre à donner, peut-être ben !

VERGISSON

Ça, c'est à voir.

LEDOUX, *menaçant.*

C'est tout vu ! J'suis de la classe et puis je t'enquiquine ; et allez donc, ça fait le compte.

MADAME BIJOU

Emportez-vous moins, là-bas ; vous vous en porterez mieux. J'veux pas de batterie à la cantine.

LEDOUX

Des batteries ? Est-ce qu'on se bat ?

VERGISSON

Des plumes !... Faudrait d'abord qu'on soye pas pays ! Pas, pays ?

LEDOUX

Bien sûr ! Allez, mère Bijou, un saladier de vin chaud, et que ça ne traîne pas.

LE MARÉCHAL DES LOGIS ROSETTE, *entrant*.

Crebleu, voilà l'hiver qui vient. On gèle sur place au corps de garde. Un verre de punch, madame Bijou.

LEDRU, *à madame Bijou*.

Hein, madame, c'est pas malheureux qu'on ne peut pas me trouver un lit ?

LE MÈRE BIJOU

Vous n'avez pas de lit ?

LEDRU, *plaintif*.

Non, madame. On ne sait pas à quel peloton je compte. C'est plus fort que de jouer au bouchon. (*A Sinoquet*). Vous en avez un, vous, de lit ?

SINOQUET

Oui, j'en ai un.

LEDRU

Vous avez de la veine, vrai, alors. Et vous, maréchal des logis, vous ne pourriez pas me le dire, à quel peloton je compte ?

LE MARÉCHAL DES LOGIS ROSETTE

Est-ce que je sais, moi ? En voilà un paquet !

LEDRU

Mande pardon.

VANDERAGUE, *chantant, le verre haut.*

A la santé des bons bougres
Qui nous régalent aujourd'hui.

DES VOIX

Aux réservoirs !

D'AUTRES VOIX

A la classe !

TOUS

Vive la classe !
On trinque.

UN SOLDAT, *assis au fond.*

Fixe !
Tout le monde se lève.

MOUSSERET, *entré par le fond.*

Le maréchal des logis Rosette ?

LE MARÉCHAL DES LOGIS ROSETTE

Présent !

MOUSSERET

Qu'est-ce que vous faites là ? Vous venez boire étant de garde, maintenant ?

LE MARÉCHAL DES LOGIS ROSETTE

Mon lieutenant, j'étais venu acheter une chandelle.

MOUSSERET

Je vous dis. C'est bon, taisez-vous. — Est-ce que Potiron est rentré ?

LE MARÉCHAL DES LOGIS ROSETTE

Non, mon lieutenant.

MOUSSERET

Bien entendu. Eh bien, je m'en vais, moi, et vous savez ce que je vous ai dit : vous allez me coffrer Potiron sitôt son retour au quartier ; illico, de pied ferme, à l'œil ! Si demain, à mon arrivée, il n'est pas sous les verrous, c'est à moi que vous aurez affaire. J'ai vu des gens avoir du culot, mais pas dans ces proportions-là.

LE MARÉCHAL DES LOGIS ROSETTE

Bien, mon lieutenant.

MOUSSERET

Et puis, vous m'avez l'air chandelle, vous, encore. Pressez-vous, hein...

Fausse sortie.

LEDRU

Mon lieutenant...

MOUSSERET, *s'arrêtant.*

Hé ?

LEDRU

C'est vous qui êtes de semaine ?

MOUSSERET

De quoi vous mêlez-vous ? Est-ce que ça vous regarde ? Je ne vous demande pas la couleur de vos bas, moi.

LEDRU

C'est parce que voilà... j'ai pas de lit.

MOUSSERET

Voulez-vous le mien ?... Quelle pochetée !

Rires. Il sort.

JOBERLIN

Eh ben, mon vieux, tu te fais salement tutoyer.

On s'est rassis.

LEDRU, *navré.*

C'est dégoûtant, ça aussi.

Rires. Le brouhaha général des conversations a repris.

VANDERAGUE, *de sa table.*

Deux sous de saucisson et un demi-setier.

MADAME BIJOU

T'as de l'argent ?

VANDERAGUE

J'attends un mandat. Je ne sais pas comment ça se fait qu'il n'est pas encore arrivé. Pour sûr je l'aurai demain.

MADAME BIJOU

Regarde donc mon œil. T'auras rien. D'abord, tu me dois déjà douze sous.

VANDERAGUE

Eh ben, vrai !

MADAME BIJOU

Eh ben, c'est comme ça. Et puis ôte-toi de là. Tu nous gênes.

VANDERAGUE

Vous savez, mère Bijou, je vous retiens. C'est pas chouette ce que vous faites là. (*Apercevant Ledru qui siffle tranquillement son petit verre.*) Eh ben, mon salaud.

LEDRU

Qu'est-ce qu'y a ?

VANDERAGUE

Si des fois t'aimes pas l'eau d'aff, tu peux te faire servir autre chose. Un verre pour moi ?

LEDRU

La peau !

VANDERAGUE

La peau ?...

LEDRU

Est-ce que je te connais ?

VANDERAGUE, *à haute voix.*

Hé ! là-bas, la coterie ! V'là un client qui fait suisse.

JOBERLIN

Où ça donc ?

VANDERAGUE

C'est çui-là !

JOBERLIN

C'est pourtant vrai ! Y boit tout seul.

TOUT LE MONDE

Y fait suisse ! Y fait suisse !

LEDRU, *épouvanté.*

Quoi, je fais suisse ?

JOBERLIN

Parfaitement !... En couverte !

LEDRU, *qui hurle.*

J'aime mieux payer une tournée !

DES VOIX

Non ! Non ! En couverte ! En couverte !

VANDERAGUE

Silence, donc !

LAIGREPIN

Fermez vos boîtes !

LEDOUX

Y a la goutte à boire, v'là le plus clair.

LE CHŒUR

Des litrons!... Des litrons!... Des litrons!...

LEDRU

Qu'est-ce que vous prenez ?

LAIGREPIN

De la vinasse, vous, là-bas ?

MADAME BIJOU

Tout le monde aura la même chose, comme
ça y aura pas de jaloux.

DES VOIX

Mais oui ! Mais oui !
*Madame Bijou aligne sur son comptoir
un régiment de petits verres.*

BOURRE, *à Ledru.*

Eh ben, qu'est-ce que t'as toi ?

LEDRU

Je m'embête... à cause de mon lit.

LAIGREPIN

Ah ! Enlevez-le...! Il nous canule avec
son poussier.

JOBERLIN

Ferme ça, hein !...

LEDRU

Vous croyez que c'est drôle ?
On entend : Assez ! Assez !

VANDERAGUE

Ta gueule !

LEDRU, *après avoir bu.*
Tout de même, ça vous recale l'estomac.
J'avais besoin de ça.

JOBERLIN, *au comptoir.*
Ben, et moi ? Qu'est-ce que je dirai donc ?

PÉPLAT, *assis sur un coin de table.*
Ah ! toi, t'es tout le temps à chialer.

JOBERLIN

Comment ! J'ai pas raison, p't-êt'ben,
de me plaindre de la gamelle ?

LEDOUX

Si ! Pour ce qui est de ça, t'as raison ; la
soupe ne vaut pas un clou !

JOBERLIN

Enfin, voyons ?

VANDERAGUE

C'est un fait. J'sais pas qu'est-ce qu'y

fourrent là-dedans ; les vieilles basanes de brig-four, j'cré ben ?

LAIGREPIN

Le fourrier est un fricoteur.

JOBERLIN

Non ! C'est pas le voleur d'étiquettes.

LEDOUX

Qui que c'est alors ?

JOBERLIN

Le cuisinier.

PÉPLAT

Comment le sais-tu ?

JOBERLIN

Je l'ai su en ville. Y fricote avec el'boucher.

LEDOUX

Non ?

JOBERLIN

Y fricote avec el'boucher, que je vous dis.

VANDERAGUE

Au fait, ça se pourrait.

JOBERLIN

Y rabiote sur tout : su el'sel, su' les pommes de terre, su' el'cahoua !

VANDERAGUE

C'est-y Dieu possible !

JOBERLIN, *solennel.*

Tiens !

Il lève la main devant Dieu et crache.

LEDOUX

Bon sang !

VANDERAGUE

Quat'z hommes de bonne volonté pour y casser la figure ?

LAIGREPIN

Je marche !

TOUS

Moi aussi !

PÉPLAT

Barca ! On va y dégrader le portrait.

MADAME BIJOU

Faites donc pas de foin. Joberlin a raison. Seulement, le chiqué, ça ne vaut rien... Faut vous plaindre.

LEDOUX

A qui ? Au fourrier ? Si vous croyez que ça le touche !...

MADAME BIJOU

Plaignez-vous au général : y va venir passer l'inspection, v'là le coup ou jamais !

LAIGREPIN, *séduit.*

Ah, bon Dieu !

VERGISSON, *railleur.*

Hein, Joberlin ? Y serait pas ordinaire, ce coup-là ?

JOBERLIN

Non, mais voilà, faudrait qu'on soye plus crâne qu'on ne l'est. Le malin qui commencera ?

VERGISSON

Commence, toi.

JOBERLIN

Pourquoi moi ?

VERGISSON

Dame ? quand on chine les autres, faut savoir donner le bon exemple.

JOBERLIN, *la main tendue.*

Chiche que je fais du boniment ?

VERGISSON, *incrédule.*

Ah ouat !

JOBERLIN

Combien que tu paries ?

VERGISSON

Macache, que je te dis. T'oserais pas.

JOBERLIN

A cause ? Quoi, le général, c'est pas le bon Dieu, après tout !

BOURRE

Ça, c'est sûr !

JOBERLIN

Et quand même qu'y le serait, c'est pas ça qui me fermerait ma boîte.

VERGISSON

Cause toujours. Tu m'intéresses.

JOBERLIN

Ah ! je t'intéresse ?... Eh bien, j'y dirai, justement.

VERGISSON

Au général ?

JOBERLIN

Au général.

VERGISSON

Tu dira peau de zébie, v'là tout !

JOBERLIN

Qui qu'y me soutient ?

VANDERAGUE

Moi !

LAIGREPIN

Moi !

SINOQUET

Moi !

DES VOIX

Moi !

VERGISSON

Moi aussi, parbleu, c'te malice !

JOBERLIN, *très net.*

Allez ! zou ! j'y dis !

PÉPLAT, *bouleversé.*

Non ?

JOBERLIN

J'y dis, que je vous dis ! Et si je manque à ma parole, aussi vrai comme y n'y a qu'un Dieu, j'suis plus digne d'êt' cavalier de première classe !...

PÉPLAT

Ah ! c'est comme ça ! Eh ben, mon salaud, on sera deux !

BOURRE

Eh ben, mon salaud, on sera trois !

VERGISSON

Parles-y le premier, au général ; comme j'y dirai : « Mon général, c'est la vérité en personne : le cuisinier est un rabioteur, de nourrir des pauvres soldats comme c'est qu'on est nourri ici. C'est une pitié et une dégoûtation. »

TOUS

Oui...

LAIGREPIN

Et puis, moi, j'y dirai que c'est vrai.

VANDERAGUE

Et moi aussi.

TOUS

Joberlin a raison.

VANDERAGUE

Il a raison.

DES VOIX

Il a raison !

POTIRON, *sur le seuil de la porte.*

Certainement, il a raison. Je ne sais pas

de quoi il s'agit, mais il a raison tout de même.

TOUS

Potiron !

POTIRON

Qu'a le nez rond comme un marron !
Rires.

LAIGREPIN

Eh ben, mon colon, t'as pas le trac. T'as manqué l'appel du soir.

POTIRON

Qu'ça peut te fiche ? Est-ce que ça te regarde ?

LAIGREPIN

Comment qu'ça se fait que t'es pas à la boîte ?

POTIRON

J'y ai coupé.

LAIGREPIN

En quoi f'sant ?

POTIRON

Je radine au quartier, le logis me chauffe au corps de garde : « A la boîte », qu'y dit :

« A la boîte ! Regardez-moi donc voir un peu. Je me porte nouveau malade. » Voilà.

LAIGREPIN

Tu seras pas reconnu à la visite, demain.

POTIRON

Allez !... Marré !... qui qui me rince ?...
(*A Ledru.*) Ote-toi donc de là, toi, nez sale !

BOURRE

Y marronne parce qu'il n'a pas de lit.

POTIRON

Comment, pas de lit ?

LEDRU

Non.

POTIRON

A cause ?

LEDRU

Ils sont tous occupés...

POTIRON

Pas vrai ! J'en connais un...

LEDRU

Où ça ?

POTIRON, *le pouce en l'air.*

Le v'là !... Grimpe dessus, tu verras la

butte! (*Rires.*) Ah! et puis, zut, je me fends d'une tournée générale.

Acclamations.

VERGISSON

Y a pas à dire, pour une bienvenue, v'là une chouette bienvenue!

VANDERAGUE

Vive Potiron!

LE CHŒUR

Vive Potiron!

POTIRON

V'là comme on est à La Villetouse. Et puis, c'est pas tout ça! Si on en poussait une?... C'est moi qui fais le chef d'orchestre.

VANDERAGUE

Su'la table!

LE CHŒUR

Oui, oui!

POTIRON

Ça y est... Rangez les glass, ou je casse tout!

Il escalade une table. Tumulte. Cris. Acclamations.

POTIRON, *debout sur la table.*

La mèr' dit à sa fille : « Ne les fais pas payer,
        Ces cavaliers.
Il en reviendra d'autr's pour trinquer avec nous
            Des pousse-cailloux,
            Des pisse-tout-d'bout.
            La mère Letrou,
            Servez-nous bien.
        Quand à d'l'argent, la vieille,
                J't'en donnerai
                Quand j'en aurai.

*Fanfare générale. Au dehors, sonnerie
de la fermeture des cantines.*

FLICK, *qui entre brusquement.*

Ah ça ! vous vous fichez du monde ?
On vous entend de l'hôtel de ville ! Bon !
En v'là un qui fait le comédien, à c'heure !
Voulez-vous descendre de là !... Tonnerre,
mais c'est Potiron !... Pourquoi donc n'êtes-
vous pas au chose ?

POTIRON

J'suis malade !

FLICK

Malade ?

POTIRON

Certainement !

FLICK

Au chose ! Au chose !

POTIRON

Demain !... si je suis pas reconnu !

FLICK

Oui ? Eh bien, tâchez à ne pas l'être, vous n'y couperez pas de huit et sept. Au lit !... Au lit !... Et vous autres aussi !... Ah ! les rosses ! (*A Ledru.*) Qu'est-ce que vous faites là ? Vous êtes sourd ? Je vous dis d'aller vous coucher !

LEDRU

Mais j'ai pas de lit, mon lieutenant.

FLICK

Pas de lit ? Attendez, mon garçon, je vais vous en trouver un tout de suite... Vous y serez un peu à la dure, mais vous n'aurez pas la peine de le reborder demain matin.

(*Obscurité.*) Tonnerre ! Qu'est-ce qui a fait ça !

> *Brusquement, en effet, le gaz s'éteint. C'est Potiron qui, profitant de ce que Flick lui tournait le dos, en a tourné la clef d'une main rapide. Nuit noire dans la salle et sur le théâtre. Potin assourdissant au cœur des ténèbres. Des voix hurlent, on entend Flick crier : « Au chose. » Des gamelles lancées à la volée rebondissent par le plancher. — Au dehors, la trompette de garde sonne la fermeture des cantines.*

RIDEAU

SEPTIÈME TABLEAU

Le bureau du chef. — Au lever du rideau Fricot et Laplotte sont occupés à balayer la pièce. Ils ont introduit leur brouette. A la table du scribe, Mousseret, assis, couvre de lignes tracées d'une main rageuse une feuille du cahier de punitions. Le scribe, qui lui a abandonné sa place, attend en silence, debout auprès de lui.

SCÈNE PREMIÈRE

FRICOT, LAPLOTTE, MOUSSERET,
puis POTIRON

FRICOT, *à part, ramassant un bout de cigarette sur le plancher.*

Une femelle ! C'est bon à garder.

MOUSSERET, *s'interrompant d'écrire.*

Pas tant de zèle, vous là-bas, hé !

FRICOT

C'est pas de notre faute, mon lieutenant. L'adjudant nous a dit de venir balayer le bureau, alors nous balayons le bureau.

MOUSSERET

C'est bon ; contentez-vous de faire semblant. Avec ça on gèle, sacristi ! Fermez donc la porte, Péplat. (*Péplat obéit et repousse la porte. Fricot et Laplotte se mettent à balayer dans le vide, le balai régulièrement promené de droite à gauche, à quelques centimètres au-dessus du plancher.*) Là !... Voilà un petit motif de punition qui n'est pas dans une musette !... Rossard de Potiron !... S'il y coupe de ses huit jours de prison, je veux être changé en chaufferette, comme dirait notre capitaine.

PÉPLAT

Potiron ?

MOUSSERET

Oui, Potiron !... un gaillard qui se figure que j'ai fait deux ans de Saint-Cyr à seule fin de lui courir après comme un rat empoisonné, sans pouvoir mettre la main dessus.

PÉPLAT, *qui a consulté le livre de l'infirmerie.*

Il s'est porté malade.

MOUSSERET

Je sais. J'ai appris cette heureuse nouvelle en débarquant au quartier ce matin. Je me suis immédiatement rendu à sa chambre, qu'il venait de quitter, comme de bien entendu, pour se rendre Dieu sait où.

PÉPLAT

Il est peut-être à la cantine.

MOUSSERET

Il est possible qu'il y soit, mais comme il suffirait que j'y fusse, moi, pour qu'aussitôt il n'y fût plus, lui, j'aime mieux le croire que d'aller y voir. Vous comprenez que j'en ai assez. Si un jour, plus tard, dans l'avenir, la Providence m'admet enfin à l'honneur de contempler les traits de Potiron, je lui dirai deux mots touchant son affaire.

Il sort.

FRICOT

Y me dégoûte, moi, ce pierrot-là, avec son képi en gamelle et sa culotte en flanc de soufflet.

LAPLOTTE

C'est gros comme deux liards de beurre et ça fait du pet comme trente-six. Qué pitié !

PÉPLAT

Dites donc, quand vous aurez fini de faire les rentiers ?

FRICOT

Ça te gêne ?

PÉPLAT

Bien sûr, ça me gêne. Vous m'encombrez. Et puis c'est pas tout ça ; le chef va revenir et il va en faire un, de chambard, s'il vous trouve encore ici. (*A Potiron qui entre.*) Tiens, vous v'là, vous ?

LAPLOTTE

Ah ! Potiron !

POTIRON

Qu'a le nez rond comme un marron.

PÉPLAT

Vous tombez bien. L'officier de semaine sort d'ici, il a à vous parler.

POTIRON

Je sais ce qu'il a à me dire. Ça peut attendre. Dis donc, toi, gratte-papier, t'as pensé à me porter sur le cahier de l'infirmerie ?

PÉPLAT

Mais oui, mais oui.

Potiron, en effet, s'est improvisé une petite silhouette de malade qui ne manque pas de pittoresque. Il est chaussé de sabots, couvert d'un vaste manteau à pèlerine, coiffé d'un calot d'écurie qui lui descend jusqu'aux sourcils.

FRICOT

T'es malade ?

POTIRON

Qu'ça peut te foute, à toi ? Est-ce que t'es mouchard ? Oui, je suis malade.

FRICOT

Qu'est-ce que t'as ?

POTIRON

J'ai le sang qui m'a descendu, à force d'avoir les pieds par terre.

LAPLOTTE

Eh ben, mon vieux !...

POTIRON

C'est pas une blague ! Avec ça j'ai la peau trop courte. Je ne peux pas fermer un œil sans ouvrir l'autre. Vous croyez que c'est pas malheureux !
Ils rient tous trois.

FRICOT

Tire voir ta menteuse.
Potiron tire la langue.

LAPLOTTE

All est bath.

POTIRON

J'ai fumé une pipe de paille.

LAPLOTTE

Fumes-en une autre. T'auras la langue comme une couenne de cochon. C'est ce qu'il faut. Et puis un conseil. Quand c'est qu't'arriveras devant le major, tape dans le mur avec ton coude. Y a rien de bon comme ça pour la fièvre. D'ailleurs tu seras pas reconnu.

FRICOT

Pour ça, mon vieux plein de vent, tu peux te gratter.

POTIRON

Croyez ?

LAPLOTTE

Y a des chances.

PÉPLAT

Sérieuses. Bah ! vous aurez quatre jours de plus ; vous n'en mourrez pas pour ça.

POTIRON

Quat' jours de plus ? oh ! mais, macache ! Je commence à en avoir soupé, d'écoper tout le temps quat' jours. Je me connais ; je ferai pas de vieux os ici, moi... — Prendre un verre ?

LAPLOTTE

Des fois.

POTIRON

En route, en ce cas !

FRICOT

Allez ! allez ! Ramasse ton truc.

PÉPLAT

C'est ça !... fichez-moi le camp, je vous
ai assez vus.

Au loin la sonnerie du chef.

LAPLOTTE et FRICOT, *chantant.*

T'en auras quat'jours de plus,
T'en auras quat'jours de plus.

LAPLOTTE, *sur le pas de la porte.*

Attends ! c'est trop lourd. (*Il fait jouer
le fond de la brouette. Une partie du fumier
qu'elle contenait tombe sur le seuil.*) Là !

Il sort.

T'en auras quat'jours de plus,
T'en auras quat'jours de plus.

SCÈNE II

PÉPLAT, puis FAVRET, FLICK et LE MARÉCHAL
DES LOGIS BARQUETTI, puis HURLURET,
puis VERGISSON.

PÉPLAT, *seul, assis à la table et consultant la
carte d'état-major.*

Voyons, nous disons... Lunéville... 432...
Lunéville... quatre cent trente-deux.

*Entrent Favret, Flick et le sous-officier
de semaine. L'adjudant est botté, il
porte autour du corps la gibecière de
vaguemestre.*

FAVRET, *entrant le premier.*

Eh ben, à la bonne heure; c'est propre !

FLICK

Encore un tas d'ordures !... Péplat !

PÉPLAT

Mon lieutenant ?

FLICK

Qui est-ce qui a apporté ça ici ?

PÉPLAT, *stupéfait.*

Mais ! mon lieutenant, je n'en sais rien.
Ça n'y était pas tout à l'heure.

FLICK

Bizarre ! bizarre ! ces éternels tas d'ordures ! (*Il va à la table du chef.*) Un instant,
chef, je vais vous envoyer un homme de
corvée. — La semaine !

LE MARÉCHAL DES LOGIS

Mon   lieutenant ?

FLICK

Vous avez les mandats ?

LE MARÉCHAL DES LOGIS

Voici.

FAVRET, *qui dépose son shako sur le haut de
sa charge.*

Sale temps ! Il a neigé toute la nuit !
(*A Péplat.*) Eh bien, ce topo ; ça avance ?

PÉPLAT

Il est presque fini.

FAVRET

Voyons... Oh ! mais il est très bien !...

Vous êtes un chic type, Péplat ; je vous embrasserai au jour de l'an.

PÉPLAT

Ça ne presse pas.

FAVRET

Passez-moi la plume.

PÉPLAT

Vous voyez quelque chose à refaire ?

FAVRET

Du tout !... c'est pour le signer.
Il signe.

FLICK, *tirant de sa gibecière des lettres.*
Le courrier.

FAVRET

Pas de lettre pour moi ?

FLICK

Non.
La porte s'ouvre. Hurluret apparaît.

HURLURET

Rien de nouveau ?

FAVRET

Non, mon capitaine.

HURLURET

Les deux lascars ?

FAVRET

Toujours manquants.

HURLURET

. Chameaux !

Il sort.

FAVRET

Ce que je l'aurai entendue de fois, cette phrase-là !

FLICK, *au maréchal des logis en lui remettant les lettres par paquets.*

1er peloton, 2e peloton, 3e peloton, 4e peloton.

LE MARÉCHAL DES LOGIS BARQUETTI

Merci.

HURLURET, *qui entre.*

Dites-moi, chef... (*Au maréchal des logis.*) Ah ! maréchal des logis, passez donc à la cantine dire qu'on m'apporte trois absinthes.

LE MARÉCHAL DES LOGIS BARQUETTI

Bien, mon capitaine !

Il sort.

HURLURET, *à Favret.*

Je pense à une chose. Ils ne vont pas tarder à être déserteurs.

FAVRET

Qui ça ?

HURLURET

Les deux lascars.

FAVRET

Il y a longtemps que c'est fait.

HURLURET

Comment !

FLICK

Sans doute, mon capitaine. Ils sont déserteurs d'hier soir. Oh ! vous pouvez être tranquille ; ils n'y couperont pas de leurs deux ans.

HURLURET

Vous êtes bien pressé, monsieur. Quand sont-ils partis ?

FLICK

Mercredi. Il y a donc aujourd'hui neuf jours.

HURLURET

Eh bien ! neuf moins quatre, reste à cinq ;

et il n'y a désertion qu'au bout de six jours pleins.

FLICK

Je vous demande pardon, mon capitaine. De quels quatre jours parlez-vous ?

HURLURET

Des quatre jours de permission que je leur avais accordés.

FLICK

Deux !

HURLURET

Quatre !

FAVRET, *à part.*

Bon ! v'là les comptes d'apothicaires qui commencent.

FLICK

Vous faites erreur, mon capitaine, vous avez accordé à chacun deux jours seulement de permission régulière.

HURLURET

C'est donc sans l'avoir fait exprès, car ils m'en avaient demandé quatre.

FLICK

Pourtant, la décision d'hier dit en propres termes ceci.

Il ouvre le cahier de décisions qui se trouvait à portée de sa main et en tourne avidement les pages. Un silence. Hurluret ne bronche pas. Flick commence à se décontenancer. La feuille compromettante a été couverte d'encre.

HURLURET

Qu'est-ce qu'elle dit, la décision ?

FLICK

Mais...

HURLURET

Qu'est-ce qu'elle dit ?

FLICK

Elle ne dit rien. On ne peut pas lire. On a répandu de l'encre dessus.

FAVRET, *à part.*

Naturellement.

HURLURET

Ce n'est pas moi.

PÉPLAT, *à part.*

Au contraire.

Un temps.

HURLURET, *à Flick qui le regarde fixement.*

Je vous rappelle quelqu'un ?

FLICK

Non. Pourquoi ?

HURLURET

Je ne sais pas, vous êtes là à me dévisager avec des yeux de poule qui a trouvé un couteau.

FLICK

Pourtant...

HURLURET

Et puis, je voulais vous dire : asseyez-vous donc, je vous en prie ; vous allez vous fatiguer à rester comme ça sur vos jambes. (*Flick se lève précipitamment. Il esquisse un geste.*) Assez ! Ce n'est pas d'aujourd'hui que j'ai à me plaindre de votre impolitesse.

FLICK

Mon capitaine...

HURLURET

Vous prenez avec moi des familiarités un
tant soit peu déplacées, et vos façons de me
jeter des coups d'œil de biais pour des mégots
qu'on ne retrouve plus, ou pour des pages
maculées d'encre au cahier de décisions, me
déplaisent singulièrement. Rappelez-vous
donc devant qui vous êtes et faites trois
pas en avant !... Un ! deux ! trois ! — Bien.
L'honneur de vous saluer, monsieur.

Sortie effarée de l'adjudant.

HURLURET

En voilà un client qui me dégoûte !

FAVRET

Ça se voit.

HURLURET

Vilain oiseau !... Du reste, il n'est pas le
seul.

FAVRET, *qui s'installe à sa table le dos au mur.*

Qu'est-ce qu'il y a donc, mon capitaine ?

HURLURET

Y a que je commence à en avoir plein le
dos, que tout le monde se fout de moi ici,

et que ça ne peut plus durer. (*Avisant des cigarettes qui traînent sur la table du chef.*) C'est à vous, ces cigarettes-là ?

FAVRET

Prenez donc, mon capitaine.

HURLURET

Y a que j'aurai passé ma vie à la gâcher au profit d'un tas de propariens ! des Croquebol, des La Guillaumette !... gredins, chenapans, malfaiteurs, qui me traitent comme un bleu de leur classe et me font faire des choses contraires à mon devoir. (*A Péplat.*) Donnez-moi du feu, vous !... (*Il s'allume.*) Chameaux ! Voyons, chef, je vous le demande ; est-ce mon rôle d'aller faire le Jacques et de répandre de l'encre sur le cahier de décisions pour sauver la mise à deux gouapes ?

FAVRET

Tiens ! c'est donc vous ?

HURLURET

Oui, c'est moi ; et je ne sais ce qui me retient de me flanquer moi-même aux arrêts.

FAVRET

Entre nous, mon capitaine, vous ne l'auriez pas volé.

HURLURET

Ah ! j'accorde des permissions, et voilà l'usage qu'on en fait ? Eh bien, on peut y revenir ! Des permissions ? Mon pied au derrière, voilà !... et ma cravache par le nez ! Vingt-quatre, seulement vingt-quatre heures, et je veux être changé en pendule ! (*On frappe.*) Entrez ! (*Entre Vergisson.*) Qu'est-ce que tu veux, toi ?

VERGISSON

Mon capitaine, je viens de recevoir une lettre. Y a mon frère qui se marie lundi.

HURLURET

Un cocu de plus... Et alors ?

VERGISSON

Alors, mon capitaine, je viens vous demander si des fois ça serait un effet de votre bonté de m'accorder une permission de huit jours.

HURLURET, *qui marche sur lui.*

Tu dis ?

VERGISSON, *qui recule.*

Mon capitaine...

HURLURET

Tu dis ? Ah ! bien, non, celle-là est trop forte... Huit jours de permission ! Huit jours de permission !... Le frère de cet idiot se marie et il faut... Tourne-toi ! tourne-toi tout de suite que je t'envoie mon pied dans le derrière.

VERGISSON

Mais, mon capitaine, je n'ai rien fait.

HURLURET

Huit jours de permission ?... En veux-tu quinze, andouille ? Mais file donc que je n'entende plus parler de toi... Quel débarras, cré nom de Dieu !... Chef, portez-moi cette brute au rapport pour une permission de quinze jours.

VERGISSON

Merci beaucoup, mon capitaine. Vous êtes bien bon.

HURLURET

Ah ! je suis bon ! Eh bien ! tâche de manquer à l'appel à l'expiration de ton congé ou de me revenir le nez sale, je t'apprendrai comment je m'appelle, moi. Tu verras un peu si je suis bon. Allez ! psst... Rompez !

VERGISSON

Quand est-ce que je pourrai partir ?

HURLURET

Tout de suite ! bon voyage, bon vent, la paille au derrière et le feu dedans... (*Il lui pousse la porte dans le dos.*) Un de moins, autant de gagné !... Ah ! j'en ai chaud. Je vous dis, chef, que ces gaillards-là me feront crever à la peine ! Vous ne me croyez pas ?

FAVRET, *qui s'amuse.*

Je ne fais que ça.

HURLURET

Vous ne faites que ça, avec cette différence que vous vous payez ma figure.

FAVRET

Oh ! je ne me permettrais pas...

HURLURET

Comment donc ? D'ailleurs, j'y suis fait.

Seulement, mon cher, vous faites l'absinthe comme un pied, et quand on fait l'absinthe comme un pied, on prend un parti énergique. On attend le retour de l'averse, on met les verres sous une gouttière et la question est tranchée. Ah ! là ! là ! Enfin !... A la vôtre, chef !

FAVRET

A votre santé, mon capitaine.

HURLURET, à Péplat.

Eh ben, petit gars ?

PÉPLAT

Mon capitaine ?

HURLURET

Prenez pas un verre avec nous ?

PÉPLAT

Avec plaisir, mon capitaine.
   Ils trinquent tous trois. Chacun d'eux porte son verre à sa bouche. A ce moment la porte s'ouvre et le général apparaît.

Théâtre III   14

SCÈNE III

LES MÊMES, LE GÉNÉRAL

LE GÉNÉRAL, *entrant.*

Bonjour, messieurs.

PÉPLAT, *se levant.*

A vos rangs.

FAVRET, *à part.*

Oh !

HURLURET, *à part.*

Le général !

LE GÉNÉRAL, *très paternel.*

Repos ! Repos !

HURLURET

Mon général...

Il a précipitamment déposé son verre sur la table, puis s'est élancé vers une chaise qu'il a empoignée au dossier et qu'il apporte au général. Malheureusement il a avalé de travers sous l'émotion de la surprise, et il demeure suffoquant, toussant, crachant.

LE GÉNÉRAL

Eh là ! Eh là ! (*Il lui tape doucement dans le dos.*) Tâchons de ne pas nous étrangler.

HURLURET

Mon général, je suis confus...

LE GÉNÉRAL, *qui plaisante.*

De quoi, mon Dieu ? C'est ma vue qui vous fait avaler de travers ? Que diable, mon cher capitaine, nous sommes de vieux camarades. (*A Péplat et à Favret qui sont demeurés immobiles à la position militaire.*) Asseyez-vous, chef, je vous prie ; et vous aussi, mon enfant ; j'entends ne déranger personne.

HURLURET

La pièce est un peu en désordre... vous voudrez bien fermer les yeux.

LE GÉNÉRAL

Comment donc !... Du reste, ce serait plutôt à moi de m'excuser. Je vous trouble. Vous étiez en train de prendre votre apéritif.

HURLURET

Mon Dieu !...

LE GÉNÉRAL

C'est tout naturel. (*Il se penche sur les verres.*) Je vous demande pardon, je suis un peu myope. (*Ni chair, ni poisson.*) C'est de l'absinthe.

HURLURET

Oh ! un rien ! une goutte ! un soupçon ! Juste ce qu'il faut pour dire qu'on ne boit pas de l'eau claire.

LE GÉNÉRAL

Très bien, très bien. L'absinthe n'a rien de malfaisant.

HURLURET

Rien du tout !

LE GÉNÉRAL

...A la condition, cependant, qu'on en use avec discrétion.

HURLURET

Bien entendu.

LE GÉNÉRAL

Parce que, prise en abondance, elle tape sur le système nerveux et occasionne des troubles cérébraux.

HURLURET

Mon général, vous pouvez être tranquille. J'en prends une larme par-ci par-là, mais enfin c'est l'exception.

LE GÉNÉRAL

C'est cela. (*Bas.*) Et puis autant que possible, ne buvez pas avec des sous-officiers. Ça n'a aucune importance, mais des hommes pourraient entrer ; ce serait d'un effet déplorable.

HURLURET

Croyez bien, mon général, que ce n'est pas dans mes habitudes... Un fâcheux hasard a voulu...

LE GÉNÉRAL

J'en suis persuadé !... Laissons cela...

HURLURET, *à part.*

Pincé ! Cré tonnerre de Dieu ! (*Haut.*) Mon général, je vous demanderai la permission de m'absenter une minute... quelques instructions à donner à l'officier et au sous-officier de semaine, relativement à la visite dans les chambres.

Fausse sortie.

LE GÉNÉRAL

C'est inutile. D'ailleurs, je suis un peu pressé, il faut que je sois à Saint-Blaise à quatre heures. Nous allons donc nous conformer tout simplement au programme de la journée. Donnez-moi le cahier de décisions.

PÉPLAT

Voici, mon général.

LE GÉNÉRAL

Il est gentil, ce garçon. C'est votre scribe ?

FAVRET

Oui, mon général.

LE GÉNÉRAL

Parfait, parfait ! A-t-il une belle écriture ?

FAVRET

Pas mauvaise.

PÉPLAT, *souriant et respectueux.*

On fait de son mieux.

LE GÉNÉRAL

C'est évident. Voyons cela ! (*Il prend sur la table et élève jusqu'à ses yeux la feuille de papier sur laquelle le jeune homme était penché au moment de son arrivée.*) Je vous demande pardon ; ma sacrée myopie...

FAVRET, *à part.*

Zut ! mon topo !

Un temps.

LE GÉNÉRAL

C'est un tracé topographique, ça ?

PÉPLAT

...Oui... mon général.

LE GÉNÉRAL

Il est net... clair... les altitudes y sont très bien indiquées. C'est vous qui faites ça ?

PÉPLAT

Euh... oui, mon général.

LE GÉNÉRAL

Je vous fais mes compliments... — Dites-moi, pourquoi est-il signé : « Favret, maréchal des logis chef » ?

FAVRET, *intervenant.*

Mon général, je vais vous dire : en principe, c'est moi qui l'ai fait.

LE GÉNÉRAL

Ah ! très bien.

FAVRET

...et je le lui avais repassé pour qu'il fît les ombres.

LE GÉNÉRAL

Quelles ombres ?

FAVRET

Les hachures, si vous préférez... ; le cadre..., des bêtises, quoi ! quelques petits enjolivements... afin que ça ait plus d'œil.

LE GÉNÉRAL

Parfaitement ! Il est excellent, ce topo. Un simple conseil : à l'avenir, ne confiez donc à personne le soin de terminer vos tracés.

FAVRET

Mon général...

LE GÉNÉRAL

Ça n'a aucune importance, mais ça pourrait créer de fâcheuses équivoques, ce qui est tout à fait inutile. Voici.

Il lui tend le papier.

FAVRET

Merci, mon général.

LE GÉNÉRAL

Et puis, quand vous aurez une minute à vous, faites-vous donc couper les cheveux ; ce sera plus réglementaire.

HURLURET

Mon général, je suis désespéré.

LE GÉNÉRAL

De rien ! de rien !

HURLURET

Un charmant garçon !...

LE GÉNÉRAL

Je n'en doute pas.

HURLURET

Un sous-officier d'élite.

LE GÉNÉRAL

Mais oui, mais oui.

HURLURET

J'espère, mon général, que vous ne resterez pas sous cette mauvaise impression.

LE GÉNÉRAL

Puisque je vous dis, mon cher capitaine, que cela n'a aucune importance. Voyons !

(*Il s'installe à la table du chef et commence à feuilleter le cahier.*) Nous disons... Décision... Décision... Décision ... Mardi 16, mercredi 17, jeudi 18, samedi 20... — Où est donc le vendredi 19 ?

HURLURET

Il doit être porté.

LE GÉNÉRAL

Je ne vois rien... (*Il se penche sur le cahier.*) Je vous demande pardon, mais mes mauvais yeux... Ah ! si fait... si fait... ; j'aperçois. Diable ! On a renversé dessus tout le contenu d'un encrier !

HURLURET

Pas possible !

FAVRET, *à part.*

Aïe !

LE GÉNÉRAL

Voyez vous-même.

HURLURET

C'est exact. (*A Favret.*) Qu'est-ce qui a fait ça ?

FAVRET

Je n'en sais rien, mon capitaine.

HURLURET, *à Péplat.*

Personne n'est entré ici ?

PÉPLAT

Non, mon capitaine, personne.

HURLURET

Cré nom d'un chien de nom d'un chien !...
Mon général, je ne sais comment vous expliquer... Ça a l'air d'une fatalité !

LE GÉNÉRAL

Oh ! ça n'a aucune importance. Je vous
demanderai seulement de veiller à ce que
ça ne se renouvelle plus.

HURLURET

Soyez sûr...

LE GÉNÉRAL

Cela vaudra mieux. Vous comprenez ?

HURLURET

Oui, mon général.

LE GÉNÉRAL

A merveille ! D'ailleurs la décision d'aujourd'hui va me donner ce que je cherchais...

Voyons... heu... heu... « Samedi, midi, revue des hommes dans la cour. » Euh... Euh...

MOUSSERET, *entrant en coup de vent.*

Cochon de Potiron ! Est-ce qu'il ne s'est pas donné de l'air !

Mimique désespérée d'Hurluret et de Favret qui s'efforcent de le faire taire.

MOUSSERET, *qui ne voit pas le général :*

Parfaitement ! Recalé à la visite, on l'avait envoyé balayer la cour du rapport. J'y cours dans le fol espoir de le rejoindre. Ah ! ouat, j'ai trouvé une brouette et une pelle, mais de Potiron, aucunement ! Le gaillard avait sauté le mur, et avec ses effets de prisonnier, qui plus est.

LE GÉNÉRAL *l'a laissé dire sans broncher.*

A la fin, il se retourne et dit :

Voilà qui est plus grave.

MOUSSERET

Oh !

HURLURET, *bas à Mousseret.*

Andouille, va ! (*Au général.*) Mon général, soyez tranquille ; ça n'a aucune importance.

(*A part.*) Tiens ! moi aussi ! (*Haut.*) Nous allons repincer ce gaillard-là, vous allez voir si ça va traîner.

LE GÉNÉRAL

Je le souhaite... Ce n'est pas pour la valeur des effets détournés, mais enfin, que vous ne le repinciez pas ? Vous voilà obligé à un tas de petits tripotages, à des écritures plus ou moins catholiques... vous me comprenez... Puis, supposez que tous les prisonniers en fassent autant ? — Et à ce propos, vous avez des prisonniers, ici ?

HURLURET

Quelques-uns, oui, mon général ; des carottiers, des fricoteurs... Mon général n'ignore pas qu'il y a dans tous les régiments un certain nombre de farceurs avec lesquels on est forcé d'avoir quelquefois la dent un peu dure.

LE GÉNÉRAL

Certainement... Eh bien, si nous allions les voir ? Vous avez revue des hommes, dans la cour à midi. Il est onze heures et demie à peine, nous avons une demi-heure à tuer.

HURLURET

Mon général, tout à vos ordres. Péplat, courez devant prévenir l'adjudant.

PÉPLAT

Bien, mon capitaine.
Le porte s'ouvre, apparaît l'adjudant Flick.

HURLURET

Voici justement notre homme. — Adjudant !

FLICK

Mon capitaine ?

HURLURET

M. le général inspecteur désire voir nos prisonniers.

FLICK

Quand il plaira à mon général. Ils ont réintégré leur cachot voilà un quart d'heure, vingt minutes, après s'être acquittés des corvées de quartier.

HURLURET, *se rangeant.*

Mon général, si vous voulez bien me faire l'honneur...

LE GÉNÉRAL

Pardon !... (*Au moment où il va passer, il aperçoit le tas de fumier tombé de la brouette de Laplotte.*) Qu'est-ce que c'est que ça ?... des ordures !

HURLURET, *à part.*

Autre histoire ! (*Haut.*) Mais, mon général, je ne sais pas... — Favret ?

FAVRET

Mon capitaine, je ne sais pas non plus.

LE GÉNÉRAL

Il faut faire enlever ça, ce n'est pas propre. Si on prend le bureau du chef pour une écurie !... (*D'un geste large, il complète sa pensée.*) Ça n'a aucune importance, d'ailleurs.

Les trois hommes sortent derrière lui.

MOUSSERET

Dites donc, Flick, rien ne cloche là-bas?

FLICK

A la prison ? Oh ! vous pouvez être tranquille ! C'est tenu, je ne vous dis que ça ! Si le général n'est pas content, c'est qu'il sera bien difficile. La prison, voyez-vous, mon lieutenant, c'est à moi ! c'est mon bien ! aussi, je le surveille !

MOUSSERET

A la bonne heure ! En route !
Ils sortent.

CHANGEMENT

HUITIÈME TABLEAU

*Le théâtre représente le corridor de la prison,
décor du quatrième tableau. Au changement
la scène est vide. Derrière le décor qui en étouffe
le bruit, chœur général des prisonniers.*

HURLURET, LE GÉNÉRAL, FLICK,
MOUSSERET, puis LES PRISONNIERS

LES PRISONNIERS, *à la cantonade.*

Père Barbanson,
  Son, son,
Payez-vous l'eau-d'vie ?
  Oui, oui !
Aux sous-officiers
  De la Gar...
  De la Gar...
Aux sous-officiers de la Garnison
Bruit de serrure. La porte de droite s'ouvre.

HURLURET, *qu'on ne voit pas.*

C'est ici, mon général.

LE GÉNÉRAL, *qui pénètre.*

Diable !... on ne voit goutte !

LA VOIX DE MOUSSERET

Passez donc, mon capitaine.
Entre Hurluret, suivi du général, de Mousseret et de Flick.

LES PRISONNIERS, *à la cantonade.*

C'est l'emp'reur du Dan'mark,
    Mark ! mark !
    Mark ! mark !
Qui dit au roi des Belges :
Depuis qué qu'temps je r'marque,
    Marque, marque !
Que tu sens le barège !...
    Père Barbanson, etc...

LE GÉNÉRAL

Il fait noir comme dans un tombeau...
En revanche... ce sont vos prisonniers qui
chantent comme ça ?

HURLURET

Ce sont eux, oui, mon général, ils s'em-
bêtent tellement !...

LE GÉNÉRAL

Ça se voit. Voulez-vous avoir la com-
plaisance de m'introduire auprès de cette
bruyante jeunesse ?

HURLURET

A l'instant même ! La clef, adjudant.

FLICK

La voici.

*Il lui passe un trousseau de clefs, en ayant
soin de mettre en évidence une clef
de proportions gigantesques.*

LES PRISONNIERS, *à la cantonade.*

Vive la classe !

*Hurluret fait tourner la clef dans la ser-
rure. Grincements du verrou. La porte
s'ouvre.*

HURLURET, *sur le seuil de la porte.*

A vos rangs ! Fixe !... (*A part.*) Cré nom
d'un chien de nom d'un chien !

Par la porte ouverte du cachot, un nuage

de fumée est sorti, qui a envahi le corridor.

LE GÉNÉRAL, *pris d'une quinte de toux.*

Oh ! sacrebleu ! Oh ! sacrebleu !

HURLURET, *affectant de ne s'être aperçu de rien.*

Mon général, si vous voulez bien prendre la peine...

Le général et Hurluret pénètrent dans le cachot.

MOUSSERET, *bas à Flick.*

Dites donc, vous vous fichez de moi !

FLICK

Mon lieutenant ?

MOUSSERET

En voilà des prisonniers !... On arrive, ils gueulent comme des ânes !... on entre, ils fument comme des suisses !... Ah ! il va être satisfait, le général, et il va nous coller un petit cochon de rapport qui ne sera pas dans une musette.

FLICK

Mon lieutenant...

MOUSSERET

Taisez-vous ! vous ne faites que des bêtises !

LE GÉNÉRAL, *qui reparaît.*

Je vous demande pardon, mon cher capitaine, mais on ne peut vraiment y tenir... Mes pauvres yeux me font un mal !... Vos prisonniers ont donc la permission de fumer ?

HURLURET

Ils ne l'ont pas ; seulement, ils la prennent. C'est la même histoire dans tous les régiments.

LE GÉNÉRAL, *pas très convaincu.*
...Oui.

HURLURET

Du reste nous les tenons à l'œil !
Il se baise le bout du doigt.

LE GÉNÉRAL, *un pli d'ironie aux lèvres.*
Oh ! je m'en rapporte à vous !

HURLURET

Attendez un petit peu. Vous allez voir comment je les mène ! (*Aux prisonniers.*) Avancez à l'ordre, mauvais drôles ! (*Les prisonniers entrent*.) M. le général inspecteur vous fait l'honneur de venir vous voir. Allons, sortez !... Ah ! vous êtes beaux ! Oui, vous êtes frais ! Voilà un joli spectacle !... Regardez-moi ces têtes à couper ! Prenez l'alignement, hein ! et plus vite que ça ! ou je vais vous faire voir de quel bois je me chauffe.

MOUSSERET, *à part.*

Fais donc le malin !... C'est étonnant comme ça prend !

FLICK, *à part.*

Tas de rossards !

LE GÉNÉRAL

Ah ! ah ! voici nos mauvaises têtes.

HURLURET

Brebis galeuses !... L'écume de l'armée ! Chenapans !

LE GÉNÉRAL, *à un des prisonniers.*

Pourquoi êtes-vous là, mon ami ?

L'HOMME

Mon général, parce que j'ai tiré une bordée.

LE GÉNÉRAL

Ah ! ah !

HURLURET

Vous n'avez pas honte ?... Et puis d'abord, qu'est-ce que c'est que cette façon de parler ? « J'ai tiré une bordée !... » Il me semble que vous pourriez vous exprimer dans un langage plus convenable ! Est-ce que vous vous croyez avec des camarades ?

LE GÉNÉRAL, *qui a effleuré de la main le bourgeron dont est vêtu le prisonnier.*

Dites-moi, vous avez votre veste là-dessous ?

L'HOMME

Non, mon général.

HURLURET

Il ne manquerait plus que ça !

LE GÉNÉRAL

Soulevez votre blouse, je vous prie. (*L'homme obéit. Il est emmailloté, des aisselles au ventre, dans une couverture d'ordonnance.*) Qu'est-ce que c'est que ça ? (*Il se penche vers *l'homme*). Ah ! parfaitement, c'est une couverture pour la nuit.

HURLURET

Comment, une couverture !... Comment, une couverture ! Eh bien, vous ne manquez pas de toupet, d'introduire des couvertures dans la prison !

LE GÉNÉRAL

Ce n'est pas très réglementaire, en effet. Aux termes du manuel sur le service intérieur, les hommes punis de prison doivent subir leur peine, vêtus seulement de leurs blouses et de leurs pantalons de treillis. Le règlement est formel sur ce point.

HURLURET

Mon général...

LE GÉNÉRAL

Il est peut-être d'une sévérité excessive, mais ce n'est pas moi qui l'ai fait, et nous sommes officiers, mon cher capitaine, nous n'avons donc qu'à en appliquer les rigueurs, sans en discuter le bien-fondé. (*Tout en parlant, il a palpé de la main les hanches d'un*

deuxième prisonnier placé à côté du premier.)
De même, voilà un gaillard qui a une bouteille dans sa poche. Soulevez votre blouse,
mon garçon ! (*Le soldat obéit. De sa poche
gonflée émerge le goulot d'une bouteille.*) Là !
(*Mouvement de Hurluret.*) Mon Dieu, je sais
bien, ça n'a aucune importance ; il n'y en
a pas moins ici une infraction évidente.
(*A un troisième prisonnier, Laplotte, qui a
tout l'avant-bras caché derrière le dos.*) C'est
comme celui-ci... l'amputé... ce gros garçon qui n'a qu'un bras !... Que cache-t-il
derrière son dos ? Montrez votre main, mon
ami. Montrez donc votre main, que diable !
Je ne suis pas un croquemitaine. (*L'homme
obéit.*) Du fromage de cochon !

HURLURET, *à part.*

C'est moi qui l'ai payé.

LE GÉNÉRAL, *à Hurluret.*

C'était sûr ! — Je vous en prie, mon cher
ami... L'observation des règlements, tout
le secret d'une puissance est là !

HURLURET, *qui commence à perdre pied.*

Mon général !... Mon général !...

Cependant le général est venu se poster devant Fricot et Laplotte, lesquels, l'un près de l'autre, demeurent immobiles, à la position militaire.

LE GÉNÉRAL

Laissons cela. (*A Fricot.*) Et vous, mon brave, pourquoi êtes-vous puni de prison ?

FLICK, *qui intervient.*

Oh ! celui-ci, mon général, c'est la crapulerie en personne, et celui-là... (*Il montre Laplotte*) ne vaut pas mieux que l'autre. (*A ces mots Fricot et Laplotte prennent la parole, et tous trois à l'unisson :*)

FLICK

(Ensemble.) Tout ce que vous pouvez imaginer comme chenapans, comme propariens, n'est que de la Saint-Jean auprès d'eux ! voilà la vérité, mon général. On ne peut pas en venir à bout et vous allez comprendre pourquoi...

FRICOT

Comment, la crapulerie en personne !
Ça, c'est un peu fort, par exemple, de
profiter de ce que le général est là pour
nous traiter de crapules ! Mon général,
ne croyez pas qu'est-ce que vous dit l'adjudant...

LAPLOTTE

Mon général, ne croyez pas qu'est-ce
que vous raconte l'adjudant. Il nous en
veut, tout le monde le sait. Est-ce vrai,
Fricot, qu'il nous en veut ? Ah ! vous
voyez, mon général, il passe sa vie à nous
embêter...

LE GÉNÉRAL, *conciliant.*

Chut !... Chut !... Chut !... (*Au loin sonnerie
des quatre appels. A Hurluret.*) Je vous demanderai, mon cher capitaine, de pardonner à
ces coupables et de les renvoyer à leur service. A tout péché miséricorde ! Très cu-
rieuse, cette prison, je vous fais tous mes
compliments !...

HURLURET, *qui se confond.*

Mon général... (*Aux prisonniers.*) Vous avez entendu, vous autres ?... A vos chambrées, mauvais bougres !... Le général a pitié de vous. Par file à gauche, gauche ! En avant !

> *Les prisonniers, qui ont exécuté le mouvement, disparaissent l'un après l'autre par la porte de droite du décor.*

LAPLOTTE, *au moment de franchir le seuil.*

Imbécile, qui nous fait grâce !... On était très bien ici.

CHANGEMENT

NEUVIÈME TABLEAU

Au moment où la lumière reparaît, le théâtre, qui s'est transformé, représente la cour du quartier. Au fond, la grille ouverte, et, de chaque côté, se faisant pendants, le corps de garde et la salle de police. Toute la droite du théâtre est occupée par un triple rang de cavaliers à pied en grande tenue, présentant les armes. Le lieutenant Mousseret les commande. Au milieu de la scène, un groupe d'officiers, massés derrière le général : Hurluret, le capitaine en second, le capitaine d'habillement, un lieutenant et l'adjudant Flick.

MOUSSERET, *d'une voix retentissante.*

Reposez-vous sur vos armes !... Reposez armes !

Les hommes exécutent le mouvement.

LE GÉNÉRAL

Très bien...

HURLURET

Maintenant, mon général, nous allons passer à des exercices plus sérieux.

LE GÉNÉRAL

Inutile, je suis édifié. C'est très bien, mes enfants, très bien ! Je vous fais tous mes compliments. Et à vous aussi, messieurs. Excellente réunion d'hommes, satisfaisante à tous les points de vue.

HURLURET, *confus.*

Mon général...

LE GÉNÉRAL

Du tout, du tout. Ces jeunes gens méritent des éloges, il ne faut pas les leur marchander.
Tout en parlant, il passe lentement devant la ligne des soldats, les passe en revue l'un après l'autre et donne du menton des petits signes approbateurs.

HURLURET, *bas aux officiers.*

Il a l'air plutôt...

FLICK, *bas.*

Plutôt... oui !

HURLURET, *bas.*

Ça ne fait rien, je ne suis pas tranquille, Il a un œil... avec ses mauvais yeux... Non, je vous dis, c'est un monsieur à qui on ne peut pas la faire... Si d'ici deux minutes il ne met pas la main sur quelque chose, je veux être changé en cloche à fromage.

LE GÉNÉRAL, *qui fait halte devant Vanderague.*

Eh bien ?

VANDERAGUE, *troublé.*

Bonjour, mon général.

LE GÉNÉRAL

Bonjour, mon ami, bonjour. La santé est florissante ?

VANDERAGUE

Oui, mon général !

LE GÉNÉRAL

Bon, cela ! Vous plaisez-vous au régiment ?

VANDERAGUE

Oui, mon général.

LE GÉNÉRAL

A merveille. Vos officiers sont bons pour vous ?

VANDERAGUE

Oui, mon général.

LE GÉNÉRAL

Pas de réclamations à m'adresser ?

VANDERAGUE

Non, mon général.

LE GÉNÉRAL

C'est parfait !

A ce moment :

JOBERLIN, *l'arme au pied.*

J'en ai une, moi, de réclamation.

HURLURET

Ça y est !

MOUSSERET, *qui bondit.*

Qu'est-ce qui se permet ?...

LE GÉNÉRAL

Pardon, pardon... laissez parler cet homme, lieutenant. Je suis ici pour recevoir les plaintes, des petits aussi bien que des gros, et pour y faire droit s'il y a lieu. — Celui qui vient d'élever la voix ?

JOBERLIN

C'est moi, mon général.

LE GÉNÉRAL

Ah ! (*Il vient à Joberlin.*) Eh bien, parlez,
je vous écoute. Sortez du rang... Qu'est-
ce que vous avez à me dire ?

JOBERLIN

Mon général, j'ai à dire que la soupe ne
vaut pas un clou.

HURLURET

Comment ?

LE GÉNÉRAL

Tout à l'heure... tout à l'heure... Ah ! la
soupe n'est pas bonne ?

JOBERLIN

Non, mon général, a n'vaut rien. Y a que
du déchet, du suif et de l'os. Le cuisinier est
un fricoteur : voilà qu'est-ce que j'ai à dire.
Un temps. Stupeur des officiers.

LE GÉNÉRAL

Eh bien ! vous entendez, mon cher capitaine ?

HURLURET, *abasourdi.*

Mon général, en vérité, ça a l'air d'un fait exprès... voilà la première nouvelle... (*Aux officiers.*) Enfin, messieurs, je vous le demande, est-ce que jamais...

MOUSSERET

Jamais ! C'est à n'y rien comprendre ! Cet homme est fou !

HURLURET

Ça me tombe sur la tête comme une cheminée !... (*A Joberlin.*) Vous maintenez ce que vous venez de dire ?

JOBERLIN

Oui, mon capitaine, je le maintiens.

LE GÉNÉRAL

Vous entendez ?

HURLURET, *éperdu.*

Enfin, voyons, si vous n'étiez pas satisfait de la qualité de la soupe, il fallait vous plaindre, il y a longtemps.

JOBERLIN

Je me suis plaint.

HURLURET

A qui ?

JOBERLIN

Au fourrier. Il m'a dit de m'adresser au chef. Je me suis donc adressé au chef.

HURLURET

Et qu'est-ce qu'il vous a dit, le chef ?

JOBERLIN

Il m'a dit : « Je m'en fous pas mal, je suis de la classe. »

FAVRET

Moi, je vous ai dit ça ?

JOBERLIN

Parfaitement.

FAVRET

Vous mentez !

JOBERLIN

Vous savez bien que non.

FAVRET

Mon général, cet homme est un imposteur !

LE GÉNÉRAL

Chut ! chut ! pas de gros mots, je vous

prie. Il faudra, mon cher capitaine, tirer cette question au clair...

HURLURET

Dès aujourd'hui !... soyez certain !...

LE GÉNÉRAL

Obligez-moi de n'y pas manquer. Il est de toute nécessité que le soldat mange à sa faim. Le grand tort des officiers est de mettre trop souvent en pratique le principe « va comme je te pousse ». Ainsi... (*Il s'est arrêté devant Vergisson et lui a retroussé le bas de son dolman*), voilà un homme qui n'a pas de bretelles...

HURLURET, *bas à Mousseret.*

Qu'est-ce que je vous ai dit hier ? Qu'est-ce que je vous ai dit hier ?

LE GÉNÉRAL

Vous entendez, capitaine, voilà un homme qui n'a pas de bretelles.

HURLURET, *qui accourt.*

J'entends, mon général, j'entends !

LE GÉNÉRAL

Vous allez me dire : « Qu'est-ce que ça

fait ? » Ça ne fait pas grand'chose, je le sais bien, mais enfin, le règlement est là et il ne faut pas aller contre.

HURLURET

Evidemment.

LE GÉNÉRAL, *à Vergisson.*

Et alors la soupe ne vaut rien ?

VERGISSON, *défaillant d'émotion.*

...Si, mon général !

LE GÉNÉRAL

Comment, si ? Mais voilà votre camarade qui prétend justement le contraire.

FAVRET, *qui triomphe.*

Ah !

LE GÉNÉRAL

Laissez, laissez... Ne vous troublez pas, mon ami, répondez avec confiance. Qu'est-ce que vous pensez de la gamelle ?

VERGISSON

Mais... mon général... elle est... bonne.

LE GÉNÉRAL

Vous la trouvez bonne, réellement ?

VERGISSON

Oui... mon général.

LE GÉNÉRAL

Ah ! (*A Laigrepin.*) Et vous ?

LAIGREPIN

Mon général... moi aussi.

LE GÉNÉRAL

Tiens ! (*A Hurluret.*) Voilà qui devient singulier ! (*A Ledoux.*) Et ce gros rouge, qui a une figure si honnête, quel est son avis sur la soupe ?

HURLURET

Parlez ! Vous entendez bien que le général vous interroge !

LEDOUX

Mon général, la soupe est excellente.

LE GÉNÉRAL

Voilà qui est net ! (*A Ledoux.*) Je vous remercie ! (*A Joberlin.*) Ah ! ça, qu'est-ce que vous me chantez, vous ?

JOBERLIN

Mon général, ne les écoutez pas. C'est tous des menteurs, des capons ! Y a que moi

qui ai dit la vérité... C'est dégoûtant ! c'est
dégoûtant !

LE GÉNÉRAL

Oui, enfin, tranchons le mot, vous êtes
une forte tête.

JOBERLIN

Mon général, je vous jure !... C'est tous
des menteurs, que je vous dis ! Ils avaient
promis de me soutenir.

LE GÉNÉRAL

Et allez donc !... Un petit complot ! —
Plus un mot ! ... (*A Hurluret.*) L'événement
me donne raison, et voici la confirmation de
ce que je vous disais tout à l'heure. Tandis
que vous dormiez en paix, toute une conju-
ration s'ourdissait dans l'ombre. Je n'entends
pas donner à ce petit incident plus d'importance qu'il n'en mérite, mais quelle que soit
ma répugnance à marquer mon passage
par des punitions, je vous demanderai de
porter huit jours de prison... (*Montrant
Joberlin*) à cet homme.

HURLURET

Adjudant !

FLICK

Parfaitement, mon capitaine !

LE GÉNÉRAL

De cette façon, la gamelle qui ne vaut rien lui aura valu quelque chose. (*A Hurluret.*) C'est là tout votre monde ?

HURLURET

Oui, mon général, plus les hommes de garde, les gardes d'écurie, et, je crois, deux ou trois malades. Puis, voici nos réservistes, qui nous sont arrivés d'hier...

LE GÉNÉRAL

Ah ! très bien ! Vous n'avez pas de permissionnaires ?

HURLURET

Non, mon général.

LE GÉNÉRAL

Ni d'hommes en bordée ?

HURLURET, *qui se récrie.*

Oh ! mon général !

LE GÉNÉRAL

C'est que souvent les officiers répugnent à un aveu pénible, en ce sens qu'il trahit chez eux une absence de surveillance, et, chez leurs hommes, un fâcheux esprit d'indiscipline.

HURLURET

Ce n'est le cas ni de mes hommes ni de mes officiers.

LE GÉNÉRAL

Je vous en félicite sincèrement, mais alors, qui sont ces gens-là ?

Derrière le dos de Hurluret viennent d'entrer La Guillaumette et Croquebol, flanqués de deux gendarmes.

MOUSSERET, *à part.*

La Guillaumette et Croquebol ! Ça manquait !

FLICK, *à part.*

Ah ! les rossards ! Ah ! les rossards !

HURLURET, *abasourdi.*

Mon général, mon général... je ne sais comment vous exprimer... une pudeur bien naturelle, un sentiment de... de... comment dirais-je ? Une sorte de... solidarité... si je puis me servir de ce mot... Enfin, mon général, que voulez-vous que je vous dise, moi ? Je vous présente toutes mes excuses.

LE GÉNÉRAL

Et je les accepte de grand cœur. Cependant ces rentrées sensationnelles, avec menottes, gendarmes, tout le diable et son train, sont d'un effet détestable sur l'esprit des populations provinciales.

HURLURET

Mon Dieu, je sais bien, mais enfin, quoi ? Les soldats ne sont pas des hannetons qu'on emprisonne dans un bas de laine et je vous déclare qu'avec la meilleure volonté du monde, il m'est matériellement impossible de leur fiche un fil à la patte !

LE GÉNÉRAL

Ne vous emportez pas.

HURLURET

Je vous demande pardon.

LE GÉNÉRAL

Vous ferez ce que vous voudrez : ce que je vous en dit, c'est dans votre intérêt.

HURLURET

Ne prenez pas cette peine, mon général ; si c'est de mon avancement que vous voulez parler, il y a longtemps que j'en ai fait mon deuil.

LE GÉNÉRAL

Pourquoi donc ?

HURLURET

Oh !

Geste vague.

LE GÉNÉRAL

A vrai dire... je professe pour votre personne, pour vos capacités et pour votre bravoure, une estime toute particulière, mais le commandement des hommes exige chez celui qui s'y applique un souci constant et jaloux de l'autorité qu'il exerce. De vous à moi, vous n'êtes pas sans savoir que ces gaillards-là ne vous craignent guère.

HURLURET

Je me fais une gloire d'en être convaincu.

LE GÉNÉRAL

C'est faire bon marché, vous me permettrez de vous le dire, du respect dû à vos galons.

HURLURET

Je confesse volontiers mes torts, mon général. Enfant de la balle, né des amours d'une cantinière et d'un maréchal ferrant, tour à tour enfant de troupe, soldat puis officier, je me soucie peu de n'occuper qu'une mince place dans le respect... (*Il montre ses soldats*) de mes camarades, si j'ai su me faire un petit coin dans leurs cœurs et dans leur souvenir. J'ai cinquante ans ; j'ai depuis longtemps, je vous le répète, renoncé à toute ambition ; je ne vois donc pas sans épouvante venir la minute prochaine, où ma vie, déjà sur son déclin, s'en ira sombrer je ne sais où, dans la tristesse et dans la solitude, loin des chambrées qui me furent si familières, et des soldats que j'ai tant aimés ! Eh bien un rayon de soleil m'éclairera pour-

tant dans ma nuit : la pensée que peut-être
un de ceux qui n'ont pas aujourd'hui pour
mon âge et pour mes galons tout le respect
qui leur est dû, dira de moi, ému et souriant
et remuant avec mélancolie les pages du
lointain passé : « Quand j'étais simple cavalier de seconde classe au 51ᵉ chasseurs,
nous avions pour capitaine une vieille bête,
nommé Hurluret. C'était un braillard, un
brouillon, mais ce n'était pas un méchant
homme. »

LE GÉNÉRAL

Vous avez une âme de grisette, et vous
parlez, mon cher capitaine, avec beaucoup
d'éloquence ; malheureusement, ce n'est pas
avec ce système-là qu'un officier mène ses
hommes.

HURLURET

Je mènerai les miens à la mort quand je
voudrai ; ils y marcheront derrière moi
comme à une partie de plaisir, et c'est déjà
quelque chose.

LE GÉNÉRAL

Comme vous voudrez. — Diable, voici l'heure de mon train. Je suis très satisfait, messieurs, très satisfait, et je vous prie de transmettre aux sous-officiers et brigadiers l'expression de mon contentement.

HURLURET

Ce sera fait.

LE GÉNÉRAL

Si vous avez à l'escadron des hommes punis de consigne ou de salle de police, veuillez lever leur punition.

HURLURET

C'est entendu.

LE GÉNÉRAL, *la main offerte.*

Mon cher capitaine...

HURLURET

Mon général, je suis votre humble serviteur.

LE GÉNÉRAL, *la main au képi.*

Messieurs...

MOUSSERET

Présentez armes !
Les trompettes sonnent les quatre appels.
Le général sort lentement.

RIDEAU

L'ARTICLE 330

Théâtre Antoine, 12 décembre 1900

PERSONNAGES

————

MM.

LA BRIGE .... Dumény.
LE PRÉSIDENT .... Antoine.
LE SUBSTITUT .... Signoret.
L'HUISSIER .... Tunc.

L'ARTICLE 330

*Une salle d'audience au Palais de Justice.
— Au lever du rideau, mouvement de scène,
brouhaha de conversations et, presque aussitôt,
coup de sonnette. Le calme se fait à l'instant
même. Un garçon de bureau se précipite et
va ouvrir à deux battants la porte de la chambre
de conseil.*

L'HUISSIER

Le tribunal ! Découvrez-vous, messieurs !
*Les trois juges viennent prendre leurs
places. Tout le monde s'assied.*

LE PRÉSIDENT

L'audience est reprise !... Appelez, huissier.

L'HUISSIER

Le Ministère Public contre La Brige. Outrage public à la pudeur. — La Brige !
La Brige s'avance à la barre.

LE PRÉSIDENT

Vos nom, prénoms et domicile.

LA BRIGE

La Brige, Jean-Philippe, trente-six ans, 5 *bis*, avenue de La Motte-Piquet.

LE PRÉSIDENT

Votre profession.

LA BRIGE

Philosophe défensif.

LE PRÉSIDENT

Comment ?

LA BRIGE

Philosophe défensif.

LE PRÉSIDENT

Qu'est-ce que vous voulez dire par là ?

LA BRIGE

Je veux dire que, déterminé à vivre en parfait honnête homme, je m'applique à tourner la loi, partant à éviter ses griffes.

Car j'ai aussi peur de la loi qui menace les gens de bien dans leur droit au grand air, que des institutions en usage qui les lèsent dans leurs patrimoines, dans leur dû et dans leur repos.

LE PRÉSIDENT

Voilà de singulières doctrines.

LA BRIGE

Les doctrines, inspirées par la sagesse même, d'un homme qui, n'ayant de sa vie bu outre mesure, frappé ni injurié personne, fait tort d'un sou à qui que ce soit, ne s'est jamais levé le matin sans se demander avec inquiétude s'il coucherait le soir dans son lit.

LE PRÉSIDENT

Vous êtes anarchiste ?

LA BRIGE, *haussant les épaules.*

Ah ! la ! la !... La République serait bien ce qu'il y a de plus bête au monde, si l'anarchie n'était plus bête qu'elle encore. Non, je suis pour Philippe-Auguste, ou pour Louis X, dit le Hutin.

LE PRÉSIDENT

Vous n'avez jamais eu de condamnations ?

LA BRIGE

Jamais.

LE PRÉSIDENT

Ça m'étonne.

LA BRIGE

Je vous crois sans peine ; mais je suis un gaillard habile.

LE PRÉSIDENT, *ironique.*

Soit dit sans vous flatter.

LA BRIGE

Sans me flatter, en effet, puisque j'ai résolu le difficile problème de pouvoir, à trente-six ans, justifier à la fois et d'un passé sans tache, et d'un casier judiciaire sans souillure.

LE SUBSTITUT

Voilà de bien grands mots : mettons les choses au point. Vous n'avez jamais eu de condamnations, c'est vrai, mais les renseignements recueillis sur votre compte ne sont guère en votre faveur. Ils vous représentent comme un personnage de commerce presque impossible, comme une façon de Chicaneau, processif, astucieux, retors, éternellement en bisbille avec le compte courant de la vie. Les juges ne sont occupés qu'à trancher vos petits différends avec le commun des mortels, et les archives des commissariats regorgent de procès-verbaux dont votre nom fait les frais.

LA BRIGE

Monsieur, chacun, en ce bas monde, étant maître de sa vie, en dispose comme il l'entend. Pour moi, j'ai commencé par mettre la mienne au service de celle des autres, dans l'espérance que les autres s'en apercevraient un jour et me sauraient gré de mes bonnes intentions. Malheureusement, il est, pour l'homme, deux difficultés insolubles : savoir au juste l'heure qu'il est, et obliger son prochain. Dans ces conditions, écœuré d'avoir tout fait au monde pour être un bon garçon et d'avoir réussi à n'être qu'une poire, dupé, trompé, estampé, acculé, finalement, à cette conviction que le raisonnement de l'humanité tient tout entier dans cette bassesse : « Si je ne te crains pas, je me fous de toi », j'ai résolu de réfugier désormais mon égoïsme bien acquis sous l'abri du toit à cochons qui s'appelle la Légalité.

LE PRÉSIDENT

Quand vous aurez fini de faire du paradoxe, le tribunal passera à l'examen de la cause.

LA BRIGE

Je ne fais pas de paradoxe : je n'en ai fait de ma vie et ne suis pas près d'en faire, en ayant le dégoût, l'exécration et la crainte, comme d'une fille publique qu'il est. La vérité, c'est que nous vivons dans un pays d'où le bon sens a cavalé, au point que M. de La Palisse y passerait pour un énergumène, et qu'un homme de jugement rassis, d'esprit équilibré et sain, ne saurait prêcher l'évidence, la démontrer par A + B, sans se voir taxé d'extravagance et menacé, à l'instant même, de la camisole de force.

LE PRÉSIDENT

Finissons-en.

LE SUBSTITUT

J'allais le dire. Vous êtes ici pour répondre aux questions qui vous seront posées et non pour vous répandre en périodes oratoires qui n'ont rien à faire en cette enceinte.

LA BRIGE

Qu'on me questionne.

LE PRÉSIDENT

Vous savez de quoi vous êtes prévenu ?

LA BRIGE

Du tout. De quoi ?

LE PRÉSIDENT

D'avoir montré votre derrière.

LA BRIGE

Moi ?

LE PRÉSIDENT

Vous.

LA BRIGE

A qui ?

LE PRÉSIDENT

A treize mille six cent quatre-vingt-sept personnes dont les plaintes sont au dossier.

LA BRIGE

J'invoque la pureté notoire de mes mœurs. Montrer mon derrière ! Pourquoi faire ?

LE PRÉSIDENT

C'est ce qu'établiront les débats. En attendant, treize mille six cent quatre-vingt-sept personnes déclarent, je vous le répète, l'avoir vu.

LA BRIGE

Trop poli pour les démentir, je consens à ce qu'elles l'aient vu, mais je nie formellement le leur avoir montré.

LE SUBSTITUT

Vous jouez sur les mots.

LA BRIGE

Pas si bête ! Je m'efforce, au contraire, de les emprisonner dans leur véritable sens, dès lors, de présenter les choses sous leur véritable jour.

LE PRÉSIDENT

Bref, vous niez les faits qui vous sont reprochés ?

LA BRIGE

Je nie tomber sous le coup de l'article 330 qui prévoit et punit le délit d'outrage public à la pudeur.

LE PRÉSIDENT

Vous pouvez vous asseoir. (*La Brige se rassied.*) Il y a des témoins ?

LE SUBSTITUT

Il y en aurait eu trop, monsieur le président. Le Ministère Public a donc pris le parti de n'en faire citer aucun. Aussi bien, le délit, hors de discussion, fait l'objet d'un constat de Mᵉ Legruyère, huissier à Paris, constat dressé en bonne et due forme dans les termes requis par la loi et dont je demanderai au tribunal la permission de lui donner lecture.

LE PRÉSIDENT

Le tribunal vous écoute. Lisez, monsieur le substitut.

LE SUBSTITUT, *lisant.*

« L'an 1900, le 21 septembre, j'ai, Jean,
« Alfred, Hyacinthe... »

LA BRIGE, *à mi-voix.*

Tous les huissiers s'appellent Hyacinthe ;
on n'a jamais su pourquoi.

L'HUISSIER

Silence !

LE SUBSTITUT

« ... Jean, Alfred, Hyacinthe Legruyère,
« huissier près le tribunal de première instance
« séant à Paris, été requis par la Société
« des Transports Electriques de l'Exposition
« de 1900, aux fins de dresser dû et légal
« constat contre La Brige, Jean-Philippe,
« comme contrevenant habituellement aux
« lois sur la morale publique et scandalisant
« par l'exhibition constante de sa nudité la
« pudeur des personnes véhiculées du Champ-
« de-Mars aux Invalides, au moyen du Trot-
« toir Roulant. En conséquence, nous étant
« rendu sur ledit Trottoir Roulant, et étant
« parvenu avenue de la Motte-Piquet, devant

« l'immeuble numéroté 5 *bis*, nous avons
« nettement distingué, au fond d'un appar-
« tement révélé à tout un chacun par l'écar-
« tement d'une croisée grande ouverte, une
« sorte de sphère imparfaite, fendue dans
« le sens de la hauteur, offrant assez exac-
« tement l'aspect d'un trèfle à deux feuilles,
« et que nous avons reconnue pour être la
« partie inférieure et postérieure d'une per-
« sonne courbée comme pour baiser la terre. »

LA BRIGE

Je ne baisais pas la terre.

L'HUISSIER

Silence, donc !

LE PRÉSIDENT

Tout à l'heure.

LA BRIGE

Je cherchais une pièce de deux sous.

LE SUBSTITUT, *lisant.*

« Trente-sept minutes après, le Trottoir
« Roulant ayant achevé son parcours, nous
« nous trouvâmes ramené à notre point de
« départ, où étant, nous pûmes constater

« que les choses étaient toujours dans le
« même état. Une deuxième fois, *item*. Une
« troisième fois, *item*. Une quatrième fois,
« *item*. »

LE PRÉSIDENT, *à La Brige.*
Vous cherchiez toujours vos deux sous ?

LA BRIGE
Ils avaient glissé sous un meuble, je tâchais
de les ramener à moi avec le bout de mon
parapluie.

LE PRÉSIDENT, *haussant les épaules.*
En voilà des explications ! Achevez, monsieur le substitut.

LE SUBSTITUT, *lisant.*
« Nous avons également remarqué que
« les faits relatés ci-dessus, loin de passer
« inaperçus aux yeux des personnes placées
« sur la plate-forme électrique, paraissaient
« exciter chez la plupart d'entre elles un
« mécontentement des plus vifs, d'où des
« protestations nombreuses et de bruyantes
« exclamations, au nombre desquelles il con-
« vient de mentionner les suivantes : « C'est

« dégoûtant ! — Goujat ! — Cochon !
« O Ciel ! — Qu'est-ce que je vois ! — C'est
« une infamie. — Amélie, je te défends de
« regarder par là... » De tout quoi nous
« avons dressé le présent constat pour la
« requérante en faire tel usage que de droit,
« et lui en avons laissé la présente copie
« dont le coût est de 11 fr. 25, plus une feuille
« de papier spécial du prix de 60 centimes. »

LE PRÉSIDENT

La Brige !

LA BRIGE, *qui se lève.*

Monsieur le Président ?

LE PRÉSIDENT

Avez-vous des observations à présenter ?

LA BRIGE

J'ai à présenter ma défense.

LE PRÉSIDENT

Vous tâcherez d'être bref.

LA BRIGE

Je tâcherai d'être clair. Je n'ai que faire
de la parole, si le tribunal qui me la donne

me marchande en même temps le droit de m'en servir.

LE SUBSTITUT

Le tribunal vous a épargné des dépositions accablantes.

LA BRIGE, *souriant.*

Je lui fais grâce d'une plaidoirie d'avocat. Nous aurons donc rivalisé de générosité et de grandeur d'âme. Au reste, voici les faits dans toute leur simplicité. — Le 15 janvier 1898, muni d'un bail trois, six, neuf, je vins occuper au premier étage de la maison située 5 *bis* avenue de la Motte-Piquet, un appartement de 1.500 francs. J'aime ce coin que le voisinage des couvents et des quartiers de cavalerie emplit du bruit des sonneries et des cloches, où les dimanches de beau temps attablent les soldats et le peuple aux terrasses des cabarets, et qui trouve le moyen de n'être plus Paris tout en n'étant pas la province. Il est favorable à l'étude et propice à la rêverie. J'y rêvais donc en paix et y étudiais dans le calme, comme j'en avais acquis le droit, lorsque la Société des Transports Electriques, sous prétexte de concourir à la gloire de l'Exposition, vint contribuer de façon imprévue au pittoresque du quartier. Et, de cet instant, ce fut gai ! De huit heures du matin à onze heures du soir, prenant par conséquent sur mon sommeil du soir si j'entendais me coucher tôt et sur mon sommeil du matin si j'entendais me lever tard, le trottoir — le trottoir roulant ! — se mit à charrier devant mes fenêtres des flots de multitude entassée : hommes, femmes, bonnes d'enfants et soldats ; tous gens d'esprit, d'humeur joviale, qui débinaient mon mobilier, crachaient chez moi et glissaient de tribord à bâbord en chantant à mon intention : « Oh la la ! c'te gueule, c'te binette ! », cependant qu'échappés à des doigts bienveillants, les noyaux de cerise pleuvaient dans ma chambre à coucher, alternés de cacaouètes, d'olives et de pépins de potirons. (*Rire des magistrats.*) Je demanderai au Tribunal la permission de ne pas m'associer à sa joie, que je comprends, mais que je ne saurais partager, pour des raisons qui me sont propres.

LE PRÉSIDENT

Au fait ! Au fait !

LA BRIGE

J'y arrive. — Légitimement stupéfait, fort de l'article 1382 du Code Civil ainsi conçu : « *Tout fait qui cause à autrui un dommage oblige celui qui l'a causé à en donner réparation* », j'assignai en référé la Société des Transports Electriques qui me dit : « Je ne vous connais pas ; je ne sais pas ce que vous voulez me dire. J'ai passé, moi, Société, avec la Commission de l'Exposition, un contrat m'autorisant à faire rouler mon trottoir du Champ-de-Mars aux Invalides en passant par l'avenue de la Motte-Piquet. Si, en me concédant ce pouvoir, l'Exposition a outrepassé le sien, prenez-vous-en à elle, et laissez-moi tranquille. »

LE PRÉSIDENT

La Société avait raison.

LA BRIGE

Cent fois ! Aussi, ayant, sans récriminations, payé les frais du procès, assignai-je en référé la Commission de l'Exposition qui me dit : « Je ne vous connais pas ; je ne sais pas ce que vous voulez me dire. J'ai passé moi, Exposition, des contrats synallagmatiques avec les concessionnaires de terrains, contenus, circonscrits, enfermés à l'intérieur de mes palissades. Est-ce votre cas ? Ai-je pris avec vous des engagements que je n'ai pas tenus ? — Non ? — Eh bien, qu'est-ce que vous me chantez ? Si la Ville de Paris a méconnu son devoir en me laissant le pouvoir de concéder un droit, prenez-vous-en à elle et laissez-moi tranquille. »

LE PRÉSIDENT

L'Exposition avait raison.

LA BRIGE

Tellement raison que, pas une minute, l'idée ne me vint de discuter. Ayant donc, pour la seconde fois, acquitté le montant de la carte, j'assignai en référé la Ville de Paris qui me dit... — car cette histoire, en vérité, a l'air d'un refrain de ballade, d'une scie de café-concert ! — ...qui me dit : « Je ne vous connais pas ; je ne sais pas ce que vous voulez me dire. J'ai, moi, Ville de Paris, moyennant une somme de... cédé à Tailleboudin, votre propriétaire, un terrain que je possédais avenue de la Motte-Piquet, avec droit, pour lui, d'y bâtir un immeuble et d'en tirer des revenus. Vous appelez-vous Tailleboudin ! Avons-nous fait affaire ensemble ? Hein ? Non ? Alors, qu'est-ce que vous réclamez ? — Si votre appartement a cessé de vous plaire, allez demeurer ailleurs et laissez-moi tranquille. »

LE PRÉSIDENT

La Ville avait raison.

LA BRIGE

Parbleu ! — Aussi, beau d'opiniâtreté, assignai-je en référé Tailleboudin, mon propriétaire...

LE PRÉSIDENT

...Qui vous dit : « Je ne vous connais pas...»

LA BRIGE

Au contraire !... qui me dit : « Je vous connais ! Vous êtes un joyeux farceur, et tout cela c'est des trucs pour ne pas payer le terme. Eh bien, mon garçon, ça ne prend pas. Des pépètes ou la saisie ; allez, allez ! » En vain j'objectai : « Permettez ! l'article 1719 qui régit les contrats de louage oblige le propriétaire à entretenir sa maison en parfait état de service. » — « Je me moque, répondit cet homme, de l'article 1719, car l'article 1725 dit que le propriétaire n'est nullement responsable du trouble apporté par des tiers dans la jouissance de la chose louée. L'avenue de la Motte-Piquet n'est pas à moi. Alors ?... C'est au Conseil d'Etat à trancher la question. Si vous n'êtes pas satisfait, allez vous plaindre à lui et laissez-moi tranquille. »

LE PRÉSIDENT

Votre propriétaire est un homme de bon sens qui vous donnait un excellent conseil. Il fallait en effet constituer avoué, puis, devant le Conseil d'Etat, assigner la Ville de Paris qui aurait assigné à son tour la Société des Transports Electriques, sauf le recours de cette Société contre la Commission de l'Exposition, avec le Ministre du Commerce comme civilement responsable. C'était bien simple ! (*Au substitut.*) Les gens sont extraordinaires ; ils se noieraient dans un verre d'eau. (*A La Brige.*) Bref ?

LA BRIGE

Bref, il résultait de l'anecdote, que tout le monde étant dans son droit, je me trouvais être dans mon tort sans avoir rien fait pour m'y mettre.

> *Ici le président exprime d'un geste vague le regret de l'homme qui n'y peut mais.*

LA BRIGE

C'est alors que j'imaginai de me plonger dans le faux jusqu'au cou afin d'être aussitôt dans le vrai, puisque neuf fois sur dix, la Loi, cette bonne fille, sourit à celui qui la viole.

LE PRÉSIDENT

Au nom de la Justice, devant laquelle vous
êtes, je vous rappelle au respect de la Loi.

LA BRIGE

La Justice n'a rien à voir avec la Loi,
qui n'en est que la déformation, la charge et
la parodie. Ce sont là deux demi-sœurs, qui,
sorties de deux pères, se crachent à la figure
en se traitant de bâtardes et vivent à cou-
teaux tirés, tandis que les honnêtes gens,
menacés de gendarmes, se tournent les pouces
et le sang en attendant qu'elles se mettent
d'accord.

LE SUBSTITUT, *exaspéré*.

Un mot de plus et je requiers contre vous
la juste application de la peine.

LA BRIGE

De laquelle ?... Vous prenez les gens pour
des enfants. L'article 222 ne prévoit et ne
punit que l'outrage aux magistrats. Pour
ce qui est de la Loi elle-même, j'ai le droit
d'en penser ce que je veux et de dire tout
haut ce que j'en pense.

LE PRÉSIDENT

En tout cas, vous n'êtes pas ici à la Chambre des Députés. Vous vous moquez du monde ! L'article 330...

LA BRIGE

L'article 330 punit de trois mois à deux ans quiconque s'est rendu coupable d'outrage public à la pudeur ; je le connais aussi bien que vous.

LE PRÉSIDENT

A ce compte, aussi bien que moi, vous savez qu'il s'applique à vous comme à tout autre.

LA BRIGE

En principe, oui ; en l'espèce, non.

LE PRÉSIDENT

Comment non ? L'acte qui consiste à se mettre nu devant la foule ne constitue pas le délit d'outrage à la pudeur ?

LA BRIGE

Oui, en principe ; non, en l'espèce.

LE PRÉSIDENT

Parce que ?

LA BRIGE

Parce que l'outrage n'est l'outrage que s'il est effectué, consommé, accompli, dans les conditions de publicité exigées par le législateur.

LE PRÉSIDENT

Encore une fois, treize mille six cent quatre-vingt-sept personnes...

LA BRIGE

...ont vu mon derrière, c'est convenu. Et après ? Elles n'avaient qu'à ne pas le regarder.

LE SUBSTITUT

C'est trop commode !

LA BRIGE

Trop commode !... Est-ce que je l'ai mis à la fenêtre, mon derrière ?... exposé au soleil comme un melon pas mûr ?... « Nous avons distingué, dit l'huissier Legruyère, AU FOND D'UN APPARTEMENT... » — Ce qui est trop commode, monsieur, c'est de s'emparer du bien des autres et d'en user comme du sien ; c'est de leur carotter leur monnaie sous le prétexte mensonger d'assurer leur droit au sommeil, à l'intimité et au repos, en vertu d'un pouvoir dont on ne dispose pas ; délit prévu et puni par l'article 405.

LE PRÉSIDENT

Ah ça, mais vous connaissez le Code...

LA BRIGE, *souriant.*

...Comme un simple malfaiteur. Il est même inouï de penser que la connaissance du Code et la crainte de ses conséquences constituent le seul terrain commun aux gens de bien et à la crapule. (*Mouvement du président.*) Oh ! monsieur le Président, pardon ; il faudrait cependant s'entendre et régler à chacun son compte. (*Tirant un papier de sa poche :*) De l'exploit d'huissier que voici, — car si vous avez, vous, le constat qui me condamne, j'ai, moi, celui qui m'innocente, — il résulte que mon logement, situé cinq mètres au-dessus du niveau de la rue, en face d'un terrain non construit, échappe au regard des passants et, plus encore, à celui des voisins, par la raison qu'il n'y en a pas.

Il faut donc que les mécontents qui se plaignent d'avoir vu mon derrière aient accompli des prodiges et payé dix sous pour le voir, et alors de quoi se plaignent-ils puisque je le leur ai montré ?

LE SUBSTITUT

Vous compliquez la question à plaisir. Vous savez bien que la Justice et l'Administration font deux.

LA BRIGE

Deux quoi ?... Je vous défie de le dire.

LE PRÉSIDENT

Vos démêlés avec la Ville ne sont pas du ressort de la Correctionnelle. Si vous avez à vous plaindre des bureaux, prenez-vous-en à eux...

LA BRIGE

...et laissez-nous tranquilles ; je prévoyais l'objection. Il est malheureusement fâcheux que les bureaux, alliés comme larrons en foire quand il s'agit de faire casquer le contribuable, excipent de leur incompétence et se cachent les uns derrière les autres, sitôt

qu'il est question de lui régler son dû...
En ce qui me concerne, voici : quitte avec
les contributions, ayant, par conséquent,
payé de mes deniers le droit de respirer —
que Dieu me donna pour rien — puis-je,
oui ou non, si j'ai trop chaud, tenir mes
fenêtres ouvertes ?

LE PRÉSIDENT

Oui.

LA BRIGE

Dans un logement qui est le mien, puisque
j'en acquitte les termes, puis-je, oui ou non,
si je perds deux sous, me baisser pour les
ramasser ?

LE PRÉSIDENT

Oui.

LA BRIGE

Dans ce même logement, puis-je oui ou
non, si la fantaisie m'en prend, me déguiser
en Mexicain ?

LE PRÉSIDENT

Oui.

LA BRIGE

En Turc ?

LE PRÉSIDENT

Oui.

LA BRIGE

Et en Ecossais ?

LE SUBSTITUT, *avec éclat.*

Non !

LA BRIGE

Non ?

LE SUBSTITUT

Non !

LA BRIGE

Voilà du nouveau, et voici une drôle de Justice, qui, mise au pied du mur, forcée par la Logique, en arrive à se prononcer entre la Turquie et l'Ecosse, au risque d'amener des complications et de troubler sur ses assises l'équilibre européen.

LE SUBSTITUT

C'est bon ! Assez ! Cela suffit ! Je vous vois venir avec vos gros sabots, vos histoires de deux sous et de jupe écossaise qui se soulève sous les courants d'air. M. le président a dit vrai : vous êtes venu ici pour vous moquer du monde.

LA BRIGE

Du monde, non, mais de la Loi, qui a bien tort de crier au scandale quand un bon garçon comme moi se borne à la châtier en riant. Gare, si un jour les gens nerveux s'en mêlent ! lassés de n'avoir pour les défendre contre les hommes sans justice qu'une Justice sans équité, éternellement préoccupée de ménager les vauriens, et toujours prête à immoler le bon droit en holocauste au droit légal dont elle est la servante à gages !

> *Cependant, depuis un instant, le président est entré en conférence avec ses deux assesseurs. La Brige ayant achevé, le substitut se lève, d'un mouvement exaspéré, mais le président, d'un geste pacificateur, le calme et l'invite à se rasseoir. Après quoi :*

LE PRÉSIDENT

La cause est entendue.
Il prononce.

« Le Tribunal, après en avoir délibéré ;

« Attendu qu'il résulte du constat de Legruyère, huissier, et de plaintes au nombre imposant de treize mille six cent quatre-vingt-sept, que La Brige, au mépris des lois sur la décence, a découvert, mis à jour et publiquement révélé une partie de son individu destinée à demeurer secrète ;

« Attendu que le prévenu, tout en reconnaissant l'exactitude des faits qui font l'objet de la poursuite, objecte du droit absolu, dévolu à tout locataire, d'user à sa convenance d'un logis qui est le sien, et, notamment, de s'y dépouiller de tout voile si le caprice lui en vient, à condition, bien entendu, de n'être une cause de scandale pour les voisins ni les passants, ce qui est précisément son cas ;

« Attendu que La Brige, contraint et forcé, par les exigences de l'été, de tenir ses fenêtres ouvertes, donc de livrer sa vie privée au contrôle d'une foule indiscrète et goguenarde, prétend que son domicile est devenu l'objet d'une violation de tous les instants :

argument d'autant plus sérieux que si le premier venu est en droit de plonger chez les particuliers et de regarder ce qui s'y passe du haut d'un trottoir surélevé, il peut procéder logiquement à l'accomplissement de la même opération au moyen d'une échelle, d'une perche, d'une corde à nœuds ou de tout autre appareil gymnastique, et que, dès lors, l'intimité du chez soi devient un mot vide de sens...

LA BRIGE

C'est clair comme le jour.

L'HUISSIER

Silence !

LE PRÉSIDENT, prononçant.

« Attendu qu'il n'est rien au monde de plus complètement sacré, de plus parfaitement inviolable, que la maison du prochain ; que Cicéron promulgue cette vérité première et qu'il y a lieu de tenir compte du sentiment de ce jurisconsulte...

LA BRIGE

Parfaitement !... C'est dans le PRO DOMO :

« *Quid est sanctius, quid est omni reli-*
gione... »

LE PRÉSIDENT

Je vais vous faire mettre à la porte.

LA BRIGE

Mille pardons !

LE PRÉSIDENT, *prononçant.*

« Mais d'autre part :

« Considérant que la Loi, en dépit de ses
lâchetés, traîtrises, perfidies, infamies, et
autres imperfections, n'est cependant pas
faite pour que le justiciable en démontre
l'absurdité, attendu que s'il en est, lui,
personnellement dégoûté, ce n'est pas une
raison suffisante pour qu'il en dégoûte les
autres ;

« Considérant qu'*a priori* un gredin qui
tourne la Loi est moins à craindre en son
action qu'un homme de bien qui la discute
avec sagesse et clairvoyance ;

« Considérant qu'en France, comme, d'ailleurs, dans tous les pays où sévit le bienfait
de la civilisation, il y a, en effet, deux espèces

de « droit », le bon droit et le droit légal, et que ce *modus vivendi* oblige les magistrats à avoir deux consciences, l'une au service de leur devoir, l'autre au service de leurs fonctions ;

« Considérant, enfin, que si les juges se mettent à donner gain de cause à tous les gens qui ont raison, on ne sait plus où l'on va, si ce n'est à la dislocation d'une société qui tient debout parce qu'elle a en pris l'habitude ;

« Pour ces motifs :

« Déclare La Brige bien fondé en son système de défense...

LA BRIGE

Bravo !

LE PRÉSIDENT

« ...l'en déboute cependant...

LE SUBSTITUT

Très bien !

LE PRÉSIDENT

« ...et, lui faisant application de l'article 330 et du principe « tout cela durera bien autant

que nous », le condamne à treize mois d'emprisonnement, à 25 fr. d'amende et aux frais. »
L'audience est levée.

LA BRIGE

Les juges se lèvent, tandis que l'œil au
ciel, et de la voix de Daubenton au
dernier acte du Courrier de Lyon :
J'en appelle à la postérité !

RIDEAU

LES BALANCES

Théâtre Antoine, le 26 novembre 1901

PERSONNAGES

MM.

LA BRIGE............................ Dumény.
LONJUMEL .... Leubas.

LES BALANCES

La scène se passe chez Lonjumel. — Ameuble-
ment sobre et sombre de petit avocat de pro-
vince.

Au lever du rideau, Lonjumel est en scène,
assis à sa table de travail et consultant ses
dossiers.

UN DOMESTIQUE, *sur le seuil de la porte.*

M. La Brige demande si monsieur est
visible.

LONJUMEL

Faites entrer M. la Brige. (*Entre La Brige.*)
Ah ! Ah ! te voilà, malfaiteur ?

LA BRIGE

Comment va ?

LONJUMEL

Sais-tu que je me demande si je dois te donner la main. Tu deviens très compromettant.

LA BRIGE

Les rideaux sont baissés.

LONJUMEL, *souriant*.

C'est vrai.

LA BRIGE

Et puis je viens te voir en client ; ça me donne droit à des égards.

LONJUMEL

Bah ! Encore une délicatesse avec les juges de ton pays ?

LA BRIGE

Ne m'en parle pas !

LONJUMEL

Je me disais, aussi !... Car il y a bien six mois que je n'ai lu ton nom dans la *Gazette des Tribunaux ?*

LA BRIGE

Il y en a sept tout rond puisque nous sommes en juin et que, pour la dernière fois, j'ai écopé en décembre. Oh ! un rien, d'ailleurs, une misère : huit jours d'emprisonnement, vingt-cinq francs d'amende et deux cents francs de dommages-intérêts, comme coupable d'avoir été traité de filou par un voleur de grands chemins. (*Rires de Lonjumel.*) Tu ris ? Je ne dis rien que je ne prouve. C'était le 5 novembre dernier, je sortais...

LONJUMEL

Assieds-toi.

LA BRIGE

Merci. (*Il s'assied.*) Je sortais...

LONJUMEL, lui présentant une boîte
de cigarettes.

Fumes-tu ?

LA BRIGE, prenant une cigarette.

Je ne fais que ça... Je sortais de Sainte-Pélagie, où j'étais demeuré un mois à l'abri des coups de soleil, rapport à un gredin qui, me devant cinq cents francs, avait été, par

jugement rendu en bonne et due forme, con-
damné à me les rembourser.

LONJUMEL, *effaré.*

Quoi ?

LA BRIGE

Quoi ? quoi.

LONJUMEL

Qu'est-ce que tu me chantes ? Tu as été
mis en prison parce qu'on te devait de l'argent ?

LA BRIGE

Bien entendu.

LONJUMEL

Pardonne à l'étonnement d'un avocat de
province qui croyait connaître la Loi, pour
lui avoir, pendant vingt ans, troussé les jupes
et exploré les dessous.

LA BRIGE

Les putains ont ceci de gentil qu'elles le
sont toujours un peu plus qu'on ne pensait.
Tel honnête homme acoquiné à une gueuse
se croit à l'abri des surprises, qui demeure
un beau jour stupéfait à voir son fumier

embelli d'une turpitude nouvelle, et admirant par quel miracle la peste s'est faite choléra. (*Jetant sa cigarette.*) Ah ça, mais, c'est du cœur de chêne.

LONJUMEL

Prends-en une autre.

LA BRIGE

Pardon. Merci. — Donc Rambouille...

LONJUMEL

Joli numéro !

LA BRIGE

Oui ; le banditisme accepté dans toute sa putréfaction, et le marloutage légitime dans toute sa fétidité. — Donc, Rambouille me devait cinq cents francs. Las de perdre mon temps à les lui réclamer, de me casser éternellement le nez à une porte éternellement close, et de m'acheminer vers la ruine, lentement, trois sous par trois sous, en inutiles frais de timbres-poste, je pris enfin le parti d'assigner devant les juges ce drôle qui ne s'attarda même pas à discuter, reconnaissant le bien-fondé de ma créance et

excipant purement et simplement d'insol-
vabilité légale.

LONJUMEL

Quelle fripouille !

LA BRIGE

Ce honteux système de défense ne fut
couronné de nul succès. — Je te demanderai
une troisième cigarette ; celle-ci vient de
se casser dans ma main comme du verre.

LONJUMEL

Prends donc.

LA BRIGE

Pardon. — Un jugement, dont les attendus
tenaient le milieu entre le tutu et le simple
caleçon de bain, le condamna au paiement,
non seulement du principal, mais encore
des frais du procès. Malheureusement, la
loi voulant que dans les causes entre particuliers, le gagnant paie pour le perdant si le
perdant est insolvable, je me vis invité par
le Greffe à solder sans délai... non, mais
écoute ça.

LONJUMEL

J'écoute.

LA BRIGE

... Six cent soixante-dix-sept francs, montant du jugement qui m'allouait vingt-cinq
louis sans d'ailleurs me les faire avoir, la
contrainte par corps étant abolie depuis 1867.
Que penses-tu que je fis ?

LONJUMEL

Tu n'avais qu'à payer.

LA BRIGE

Il le faut croire, puisque m'y étant refusé
(mon petit bien prudemment garé et mon
petit appartement mis au nom d'une tierce
personne), je fus appréhendé au col et fourré
à Sainte-Pélagie, en vertu de cette même
contrainte par corps dont les citoyens ne
bénéficient plus, mais dont l'Etat continue,
lui, à recueillir les avantages. — Tu en as
encore une ?

LONJUMEL

Une quoi ?

LA BRIGE

Une cigarette. La mienne m'a crevé dans les doigts comme une groseille à maquereau.

LONJUMEL

Prends la boîte de ton côté.

LA BRIGE

Je suis confus.

LONJUMEL

Mais non, mais non.

LA BRIGE

Ma peine purgée, la malchance voulut que j'eusse soif et qu'entré boire un bock dans un petit café, je m'emparasse d'un journal qui traînait sur la table à portée de ma main. A cette vue : « Ne vous gênez pas, me cria une espèce d'enflé qui prenait un mêlé-cassis, à côté de moi. Ce n'est pas à vous, ce journal-là ! Voulez-vous bien me rendre ça tout de suite. En voilà encore un filou ! »

LONJUMEL

Un filou ?

LA BRIGE

Un filou.

LONJUMEL

Tu cognas ?

LA BRIGE

J'eusse pu le faire. Mais la Loi, qui ne permet pas ce qu'autoriseraient les biceps, refuse aux gens le droit à se faire justice eux-mêmes. Je me bornai donc à hausser les épaules en disant : « Vous en êtes un autre. » Bon ! ne voilà t'y pas mon homme qui se dresse comme un ressort à boudin, se déclare insulté, requiert le témoignage de deux vieux imbéciles qui jouaient au jacquet, et m'assigne, deux jours après, en police correctionnelle ?

LONJUMEL

Il fallait le poursuivre reconventionnelle-ment.

LA BRIGE

Je n'y manquai point.

LONJUMEL

A la bonne heure.

LA BRIGE

Malheureusement, il arriva que je me

présentai à l'audience caparaçonné de probité, cependant que mon adversaire justi-
fiait, lui, preuves en main, d'une condamnation à cinq ans de réclusion pour vol avec
effraction dans une maison habitée. Le résul-
tat, tu le prévois : le mot « filou », qui, de
lui à moi, constituait une injure simple, de
moi à lui devenait une diffamation ; d'où
pénalités différentes, selon qu'au Code il est
écrit, et comme tu n'en ignores pas. Je connus
la satisfaction d'entendre condamner à seize
francs d'amende le sympathique cambrioleur,
tandis que je filai, moi, à Fresnes, méditer
loin des courants d'air sur la différence qu'il
y a entre « filou » et « filou », et recher-
cher en vertu de quelles lois mystérieuses
un même corps peut peser deux onces dans
un des plateaux de la balance et trois kilos
cinq cents dans l'autre. Du coup, ma foi,
j'en eus assez.

LONJUMEL, *égayé.*

Pas possible !

LA BRIGE

Depuis longtemps, une lassitude m'était

venue ; une vague tristesse, le sourd chagrin
de ne plus me sentir chez nous, chez moi ;
... comme si le pays qui me voit vieux, n'était
plus celui qui me vit naître. — Mon cher,
je nourris un soupçon, je porte en moi une
pensée affreuse. (*Mouvement d'attention de
Lonjumel.*) Je crois qu'un anarchiste, —
non le stérile idiot qui surine au petit bon-
heur du coup de poignard les Chefs d'Etat et
les Impératrices, mais un inspiré, entends-
tu ?... un Paraclet du crime, doté à son ber-
ceau du génie de la malfaisance ! — ...je
crois, dis-je, qu'un anarchiste, ayant sou-
doyé les concierges de Bicêtre, de Charenton,
de Ville-Evrard et autres lieux, obtint d'eux
qu'ils ouvrissent, une nuit, les portes des
maisons de santé !

LONJUMEL

Oh ! sacristi !

LA BRIGE

Et aussitôt, les fous, lâchés, s'échappèrent
de leurs cabanons.

LONJUMEL

Oh ! sacrédié !

LA BRIGE

Avec la complicité du gouvernement, qui sut tout mais n'osa rien dire, ils se répandirent par les routes, par les villes, par les campagnes, semant le trouble, étonnant les populations de leurs actes extravagants et de leurs discours insensés.

LONJUMEL

Oh ! sacrebleu !

LA BRIGE

Tout d'abord, les gens d'esprit sain les regardèrent passer en riant, comme on regarde passer les masques, mais le moment ne tarda pas où ils commencèrent à s'entre-regarder, eux, pris d'inquiétude, en proie au doute ; car si le propre de la raison est de se méfier d'elle-même, combien est persuasive l'éloquence des déments à prêcher qu'ils sont la sagesse !... Bientôt les carottes furent cuites : le mal dégringola dans le pire qui sombra dans l'irréparable. Insurgés contre le bon sens, les fous montèrent à l'assaut !... Ce fut un joli spectacle. Devant eux, les

baguettes au poing, MM. les snobs battaient
la charge, et leur soif d'inédit, de sensations
nouvelles, d'horizons impénétrés, s'étanchait
aux promesses de la vieille chanson de route
rythmée aux peaux d'âne des tambours :
« Y a la goutte à boire, là-haut ; y a la goutte
à boire ». En queue, boitait mais avançait
tout de même, l'arrière-garde des timorés,
les imbéciles qui craignent de passer pour
des niais en ne marchant pas avec leur
siècle, tandis que plus haut que les têtes,
des camisoles de force, déployées au soleil,
flottaient comme des étendards.

LONJUMEL

Oh ! sacrebleu ! Oh ! sacrédié ! Oh ! sacristi !

LA BRIGE

Enfin la citadelle fut prise, conquise avec
l'aide de Dieu, — lequel, agacé, à la longue,
d'être mis à la porte de partout, s'était cruellement vengé en donnant aux fous la vic-
toire ; — et de cet instant : « Bonjour, Luc ! » ;
pareillement le singe de la fable qui aper-

cevait́ quelque chose mais ne distinguait pas très bien, on commença à ne plus comprendre nettement le pourquoi de ceci, le parce que de cela. Vue à travers le délire de la foule, la vie n'apparut plus aux rares survivants épargnés par la catastrophe, qu'avec le flou déformé d'une silhouette glissant sur un verre dépoli. Les mots perdirent leur valeur, les faits leur signification. On ne mit plus au point ni les hommes ni les choses, et tel, qui se coucha dieu un soir, s'éveilla cuvette le lendemain. En vérité, je te demande pardon ; tu dois me prendre pour le monsieur qui joue les Alceste en province. C'est une tartine du *Misanthrope* que je te sers là entre deux repas.

LONJUMEL, *souriant.*

J'allais dire : *Le Songe d'Athalie.*

LA BRIGE

Il y a encore ça. (*A compter de cette réplique, La Brige ayant enfin trouvé une cigarette à son goût, tentera en vain de se procurer du feu ; ceci à l'aide d'allumettes placées à portée de sa main, et qui, frottées au bois de la table, aux rayures du porte-allumettes, au fond de culotte même de La Brige, refuseront de s'enflammer, avec une opiniâtreté touchante.)* Quoi qu'il en soit, trop de petits riens m'avaient, je te le répète, rendu la maison odieuse ; depuis le mal devenu propre à chacun de vouloir gouverner les autres, jusqu'aux cigarettes infumables et aux allumettes qui ne prennent pas. Je résolus de tirer mon chapeau à une élite dont la tournure d'esprit avait cessé de me faire rire, et, retiré aux champs, — loin du bal, si j'ose m'exprimer ainsi, — d'y vivre, les nerfs enfin calmes, en la société des cochons. Je dis : des vrais cochons ; et par de « vrais cochons », j'entends des cochons pour de bon ; non de ces cochons à deux pieds et sans plumes dont Platon entretenait les philosophes d'Athènes, mais de ces délicieux compagnons aux oreilles en feuilles de choux, à la queue en mèche de vrille, aux yeux ruisselants d'intelligence, dont le seul aspect suffisait à réjouir le grand saint Antoine qui se montrait pourtant assez

méticuleux dans le choix de ses relations.
— Un de mes amis, qui était une crapule,
possédait à deux pas d'ici une petite pro-
priété dont il cherchait à se défaire : je lui
offris de me la céder. Il m'en demanda cent
mille francs ; je lui en proposai six mille ;
nous tombâmes d'accord à sept mille cinq
cents. Huit jours après, j'étais chez moi. —
Tu me suis ?

LONJUMEL

Pas à pas.

LA BRIGE

La maison me plaisait fort... — Oh !
flûte !

LONJUMEL

Qu'est-ce qui te prend ?

LA BRIGE, *la main secouée dans le vide*.

Est-ce bête !... un éclat d'allumette taillé
en fer de lance, qui vient de m'entrer dans
la peau comme un lardoir dans de l'escalope.
C'est douloureux comme tout. — Où en
étais-je ?... Ah ! oui : — La maison me plaisait fort ; pratique, salubre, aérée, irrépro-

chable en un mot, à cela près que son toit d'ardoises appelait quelques réparations, et qu'elle-même empiétait un peu sur le trottoir.

LONJUMEL, *très simplement.*

Ah ah.

LA BRIGE

Hein ?

LONJUMEL

Ah ah.

LA BRIGE

Quoi, ah ah ?

LONJUMEL

Je dis : Ah ah.

LA BRIGE

Pourquoi ?

LONJUMEL

Pourquoi je dis : ah ah ?

LA BRIGE, *impatienté.*

Evidemment ! Tu dis : « Ah ah » ; eh bien, pourquoi dis-tu « Ah ah » ? On ne dit pas « Ah ah » comme ça, sans motif, à propos de rien.

LONJUMEL

Aussi ai-je, pour dire « Ah ah », des raisons connues de moi seul, que je t'exposerai tout au long quand le moment en sera venu. — De quoi t'inquiètes-tu ? Continue.

LA BRIGE

Une semaine ou deux s'écoulèrent. Un matin que je fumais une pipe devant ma porte en regardant fonctionner les couvreurs qui, à califourchon sur l'arête de mon toit, arrachaient comme des dents les ardoises gâtées pour en mettre des neuves à la place, le garde champêtre vint à passer. — Zut !

LONJUMEL

Encore un éclat de bois ?

LA BRIGE, *l'ongle aux dents.*

...Une goutte de souffre bouillant qui s'est faufilée sous mon ongle ; ...tu n'as pas idée comme ça me gêne !

LONJUMEL

Veux-tu un peu d'huile ?

LA BRIGE

Pas la peine. — Qu'est-ce que je disais

donc ? Ah oui ! — Le garde champêtre vint à passer. Il leva le nez, et, à la même minute, parut frappé de folie furieuse. « En bas ! En bas, les couvreurs ! hurla-t-il. Descendez ! ...et plus vite que ça, ou vous allez voir, tout à l'heure, si je monte pas vous botter le derrière ! » Je m'étais approché souriant, croyant à un malentendu, mais je n'eus pas le temps d'ouvrir la bouche. « Qu'est-ce que vous venez m'embêter, vous ? poursuivit le garde champêtre qui avait reçu de l'éducation. Fermez donc votre garde-manger ; ça pourrait attirer les rats. » — « Mais, objectai-je, je fais réparer ma maison. » — « Justement, reprit-il ; vous n'en avez pas le droit. »

LONJUMEL, *triomphant.*

Ah ! ah !

LA BRIGE

Hein ?

LONJUMEL

Ah ! ah !

LA BRIGE

Quoi, ah ! ah ?

LONJUMEL

Je dis : Ah ! ah !

LA BRIGE

Ça recommence ?

LONJUMEL

Oui, mais en majeur, même chanson, autre mélodie. Entre le « Ah ! ah ! » d'à présent et le « Ah ! ah ! » de tout à l'heure, le sens-tu, le demi-ton ? L'apprécies-tu, la nuance ? (*Riant.*) Eh ! mon bon, je savais d'avance le dénouement de ton histoire qui tenait tout entière dans son commencement. Le garde champêtre, s'il avait tort dans la forme, avait raison dans le principe. Tu n'avais, en effet, pas le droit de faire réparer ta maison.

LA BRIGE

A cause ?

LONJUMEL

A cause qu'en termes techniques elle était frappée d'alignement; autrement dit, qu'en empiétant sur le trottoir, elle prenait le pas sur les maisons voisines et détruisait ainsi l'harmonie de la rue, puisqu'elle en tuait la perspective.

LA BRIGE

Je ne pouvais pourtant pas la repousser à coups de pied ou en trancher la partie avançante avec un fil à couper le beurre.

LONJUMEL

Non ; mais des règlements sont là, qui, tout en reconnaissant à un propriétaire le droit de louer ou d'occuper une maison frappée d'alignement, lui refusent celui de la faire restaurer, de ralentir en quoi que ce soit l'action destructive du temps, sous les coups duquel, fatalement, elle s'écroulera un jour ou l'autre, d'usure et de vétusté. Soyons justes ; on ne peut exiger d'un état de choses anormal qu'il se prolonge à l'infini.

LA BRIGE

Tu parles d'or. Il n'en est pas moins vrai que, depuis le passage des couvreurs, ma maison restait trépanée, portait au crâne une plaie ouverte par laquelle la pluie et la grêle entraient comme des nourrices dans le parc Montsouris. En même temps, la brise légère, folâtrant parmi mes ardoises, les mêlait comme des dominos : d'où un vacarme insupportable, compliqué des clameurs d'un mendiant matinal, qui, quotidiennement, dès l'aube, me venait arracher aux douceurs du sommeil en vociférant sous ma fenêtre :

Ah ! ne t'éveille pas encore !

Il y a une justice au ciel. Un jour, la brise s'étant faite ouragan, une ardoise se fit hirondelle. Oiselle partie sur l'aile des vents, elle plana d'abord dans ce sens-ci, puis s'abattit, dans ce sens-là, sur le visage du chanteur, lequel cessa immédiatement de chanter, rapport à ce que l'huis de sa bouche, prolongé jusqu'à son oreille, ne se prêtait plus à l'émission de l'*ut* dièze avec l'élasticité et la perfection voulue. C'était un homme rancunier. Armé de l'article 320, qui prévoit et punit le délit de blessure par imprudence, il m'assigna...

LONJUMEL, *la main aux yeux.*
Cré nom d'un chien !

LA BRIGE

Qu'est-ce qu'il y a ?

LONJUMEL

... du phosphore enflammé qui m'a sauté
dans l'œil... Tu n'as pas idée comme ça me
cuit.

LA BRIGE

Veux-tu un peu d'eau ?

LONJUMEL

Inutile. — Tu disais ?

LA BRIGE

Je ne sais plus... Ah oui ! — Armé de
l'article 320, il m'assigna devant les juges
du canton auxquels j'exposai mon cas :
l'interdiction à moi faite de consolider ma
baraque, dès lors, pour moi, l'impossibilité
de l'empêcher de tomber par morceaux sur
la figure des passants. Je croyais l'argument
sans réplique.

LONJUMEL

Tu te trompais.

LA BRIGE

Du tout au tout ! Comme il me fut très

clairement expliqué : étranger à mes différends avec l'administration et payé pour
juger en fait, le tribunal n'avait qu'à constater le délit et qu'à apprécier le dommage.
Or, une ardoise à moi, enfuie d'un toit à
moi, avait-elle ou n'avait-elle pas détérioré le
faciès du plaignant ? Toute la question était
là. Ainsi parla le président dont l'allocu-
tion aboutit à une condamnation en six
jours de prison avec application de la loi
Bérenger, et en 1.500 francs de dommages
et intérêts.

LONJUMEL

Ce n'était pas cher.

LA BRIGE

Un cadeau !... C'est bien. L'incident clos,
je regagne mes pénates, et qu'est-ce que
je trouve sous ma porte ?... un avis de la
Préfecture m'enjoignant de faire ravaler
mon immeuble dans le plus bref délai possible, conformément à la circulaire sur le
ravalement décennal. Je m'incline. Les maçons, mandés, arrivent le lendemain vêtus

de blanc, coiffés d'auges, hérissés d'échelles
qu'ils appliquent puis escaladent, tandis
qu'accouru sur leurs traces, le garde champêtre, hors de lui, leur crie à tue-tête d'en
descendre ! En vain je tente de placer un
mot, j'invoque l'ordre auquel j'obéis ; cet
homme bien élevé m'envoie paître, me dit
de boucher mon sucrier crainte que les
mouches n'entrent dedans, et passant outre au
préfet, qu'il ignore, dresse contre moi procès
verbal au nom du maire, qu'il représente.
Le pis est que les maçons ayant battu en
retraite, j'étais, six semaines après, poursuivi
de nouveau à la requête de la Voirie, pour
infraction aux ordonnances sur le ravalement des maisons. Les nerfs commencent à
me faire mal. Lettres, réponses, répliques, ri-
postes. Démarche auprès du maire qui ne
connaît qu'une chose : l'intérêt de la loca-
lité ; puis auprès du préfet qui n'en connaît
que deux : la salubrité et l'hygiène. Je m'emballe. Le préfet tire un cordon de sonnette
et dit à son garçon de bureau : « Mettez
monsieur à la porte. » Energiquement déter-

miné à n'en avoir pas le démenti, je rapplique
d'une traite à la mairie où je tombe sur
le garde champêtre qui m'accueille par ces
mots : « Bandit !... Quand aurez-vous fini
d'assassiner le peuple ? » J'apprends alors
qu'en mon absence, une ardoise, une deuxième
ardoise, échappée au toit paternel, s'était
venue planter comme une bêche dans le
cuir d'un marchand de quatre-saisons qui
ahurissait le quartier en hurlant : « Les
pommes de terre ! » sous prétexte de les
crier ! — Et voilà, mon cher, où j'en suis.
Retraîné en correctionnelle pour reblessure
par imprudence (plus cette complication
que la loi Bérenger va naturellement m'é-
gorger de sa clémence à deux tranchants) ;
deux fois en faute pour m'être deux fois
incliné devant les institutions qui régissent
le doux pays de France ; acculé à l'obligation
de faire ravaler ma maison, sous peine de
contravention, et de ne pas la faire ravaler,
sous peine de procès-verbal ; conspué, haï,
ridicule ; j'expie cruellement ma folle ambition, le sot rêve où je m'étais complu, de

vivre en paix avec tout le monde en ne faisant de mal à personne, uniquement soucieux des poules de ma basse-cour, des cochons de ma porcherie et des iris de mon jardin.

LONJUMEL, *après avoir réfléchi.*

Sans vouloir donner à tes... crimes plus d'importance qu'ils n'en ont, je te dois pourtant la vérité. Tu t'es mis dans un mauvais cas.

LA BRIGE, *l'œil au ciel.*

Je me suis mis !!!... — Alors, c'est grave ?... sérieusement ?

LONJUMEL

D'autant plus grave, cher ami, que je cherche vainement dans toute cette histoire d'une limpidité de cristal, le je-ne-sais-quoi, ce petit rien du tout d'eau bourbeuse où l'astuce d'un bon avocat trouve toujours à pêcher un argument de défense.

Mouvement de La Brige.

LONJUMEL, *avec éclat.*

On n'innocente pas un homme qui n'a rien fait !... ou alors c'est très difficile.

LA BRIGE

Bref ?

LONJUMEL

Laisse-moi réfléchir. Je cherche.
Un temps. Puis :

LONJUMEL

Tu es assuré ?

LA BRIGE

Certainement.

LONJUMEL

Pour beaucoup ?

LA BRIGE

Pour une forte somme.

LONJUMEL

Ah. — Dis-moi ; tu parlais du bon Dieu,
tout à l'heure. Est-ce que tu le connais ?

LA BRIGE, *étonné.*

Oui et non. Je le connais pour avoir entendu
parler de lui ; mais notre intimité ne va
pas jusqu'à jouer au billard ensemble.

LONJUMEL

C'est regrettable.

LA BRIGE

Tiens !

LONJUMEL

Oui.

LA BRIGE

Pourquoi ?

LONJUMEL

Parce qu'il y a tout à attendre de la fréquentation des personnes haut placées... Le bon Dieu, en somme, c'est la foudre...

LA BRIGE

Eh bien ?

LONJUMEL

La foudre, c'est l'incendie...

LA BRIGE

Et puis ?

LONJUMEL

L'incendie, c'est l'indemnité ; et l'indemnité, c'est...

LA BRIGE

C'est ?

LONJUMEL

Dame !... C'est l'achat d'une seconde maison, cette fois à l'alignement des autres, et dont le toit, en bon état, ne menace plus les purotins ni les marchands de pommes de terre.

Long silence. Les deux hommes se regardent fixement.

LONJUMEL

Pourquoi me regardes-tu ?

LA BRIGE

Pour rien. — Pourquoi ris-tu ?

LONJUMEL

Je ne ris pas.

Nouveau silence. Enfin :

LA BRIGE, *hochant la tête.*

Sais-tu que tu en as de bonnes et que tu me donnes là un beau conseil ?

LONJUMEL

Penses-tu que je te l'aurais donné, si je te croyais homme à le suivre ?

LA BRIGE

Tu es un bon garçon ; je t'aime de tout mon cœur. Tout de même, il est drôle de penser que des honnêtes gens comme nous puissent en venir, même par plaisanterie, à accepter l'idée de s'habiller en brigands pour obtenir leur juste dû, et à solliciter du crime ce que le bien-fondé de leur cause a inutilement imploré de l'imbécillité des choses et de la mauvaise grâce des hommes.

Lonjumel lui tend la main. Mais La Brige, qui n'a pas renoncé à l'espoir de fumer ! — enfin ! — une cigarette, vient de dépister une allumette dernière, oubliée sur un coin de meuble. Il s'en empare en hâte. Avec mille précautions, il la frotte au drap de sa culotte, à la semelle de sa bottine, aux lames du parquet, aux montants de la porte. Vains espoirs !... efforts superflus.

Alors, souriant et résigné :

LA BRIGE

Et puis, vas donc mettre le feu avec des allumettes pareilles !

RIDEAU

TABLE DES MATIÈRES

ŒUVRES DE GEORGES COURTELINE

Établissements André Brulliard. — St-Dizier (Hte-Marne). — 1929

Théatre III

Prix net : 12 francs

www.ingramcontent.com/pod-product-compliance
Lightning Source LLC
LaVergne TN
LVHW021236170726
843501LV00003B/806